ツヴェタン・トドロフ

民主主義の内なる敵

大谷尚文訳

みすず書房

LES ENNEMIS INTIMES DE LA DÉMOCRATIE

by

Tzvetan Todorov

First published by Éditions Robert Laffont, S.A., Paris, 2012

Japanese translation rights arranged with
Éditions Robert Laffont/Susanna Lea Associates through
Le Bureau des Copyrights Français, Tokyo

民主主義の内なる敵　目次

第1章　民主主義内部の不具合

自由のパラドックス

自由の問題はきわめて早くから私の人生に侵入してきた。私は二四歳まで全体主義体制の国に住んでいた。共産主義のブルガリアである。私の周囲で誰もが不満をもらしていた第一のことは、なるほど物資不足であった。生活物資のみならず、生活に魅力をもたらすちょっとした「贅沢品」を入手することも困難だった。食料、衣服、洗面用具であれ、あるいは室内調度品などであれである。にもかかわらず、自由の欠如が、すぐそのあとにやってきた。国の指導者は、職業ごと、地区ごと、年齢層ごとの膨大な数の組織に支えられ、また〈党〉の機関である警察と「国家安全保障局」と呼ばれる政治警察に支えられて、無数の活動を監視していた。私たちの生活全体が監視されていた。強制された路線からほんのわずか逸脱しただけでも告発される恐れがあった。このことは、文学と人文諸科学から公的な団体にまでいたる、宣言された政治的原理と何らかの関係をもちうる諸領域を含んでいたことはもちろんである。しかしそこには、ほかの状況ではイデオロギー的な意味を持ちうるとは想像しがたいような、生活上のもっと中立的な諸相も加えられていた。すなわち、居住地や職業の選択、そしてこれこれの衣服への好みのような一見、取るに足りないものでさえである。ミニスカートや過度に細い（あるいは逆に過度に幅広の）ズボンの着用は、きびしく罰せられた。はじめての場合は、交番に引っ張って行かれ、両頬をひっぱたかれたりした。再犯の場合は「矯正」収容所であり、そこから生きて出られるかは不確かであった。

人々は自分が感じる欲求に従って、多かれ少なかれこの自由の欠如に苦しんでいた。当時、私は首都に住む、好奇心旺盛な若者だった。私は文学研究に取り組み、教育や著述のような知的な職業の準備をしていた。「自由」という語はもちろん合法的であり、高い評価さえ付与されていたが、公認のプロパガンダにおける他の要素と同じく、この語は不在を隠蔽するのに——または埋めるのに役立っていた。物がない代わりに、語があったのである。ドグマへの奉仕者と化さずに公的な生活に参加しようとする人々は、レオ・シュトラウスが語っているあの「忘れられた著述の技法」、イソップの言葉遣いの異文を実践すべくうながされた。すなわち、言わずに、ほのめかすこと——人はこの微妙な戯れにだまされたりすることもあった。私としては、表現の自由の欠如に敏感であった。それは表現の自由の根拠づけるもの、すなわち思考の自由をもむしばんでいた。私は強制されたモデルから過度に逸脱した行動を行なったと判断された人々が何度も公的な辱めを受けるのを、黙って目撃していた。そして私は私の信条を裏切ることなく、こうした「批判的」ショーを免れるようになることを期待していた。

私がブルガリアを立ち去る前の最後の年、大学を卒業したばかりだった私は、新聞に書くことによって公的生活におずおずとした数歩を踏み出した。私は遍在する検閲をかいくぐることに成功したと思ったとき、大いに誇らしかったものだった。国のある祝日に際して、私は日刊紙に二ページの記事を用意することをまかされた。私は圧政と闘った反ファシズム・レジスタンスの故人となった数人の英雄に言及することを選んだ。異論の余地なき美徳をもった人物である！　術策は過去に言及すると見せかけて現在について語ることにあった。自由のために闘わなければならないと想起させるためである。そもそも、これがこれらのページのために私が選んだタイトルであった。「自由のために！」である。思い出すが、何人もの人々がこの記事に着目してくれた。そして現在へのほのめかしを理解して、私の巧妙さを褒めてくれた……。これが当時、若きブルガリア人作家が誇りとしていた取るに足りぬ勝利であった。自由は、いずれにしても、私にとってもっとも大切な価値であった。

今度は四八年をひとっ飛びして先に進もう。私は今日のヨーロッパにいる。そして当惑と不安の入り交じった気持ちで、「自由」という語が私の同意の対象となる展開とはかならずしも結びついていないことを確認するのである。二〇一一年、この語は実際、民族主義的で外国人嫌いの極右政党の一流ブランド名と化しているように見える。すなわち、ヘルト・ウィルダースが党首であるオランダの自由党、イェルク・ハイダーが死ぬまで指導者であったオーストリア自由党である。ウンベルト・ボッシの北部同盟は、イタリアの選挙に自由な人民同盟の名で候補者を送り込む。かくして、ベルルスコーニの自由な人民に参加するのである。ティロ・ザラツィンと署名された書物の成功の結果として生じた、ドイツにおける反イスラム・反アフリカの反動の波は、この男の思想に想を得た政党の創設にみちびいた。その名はDie Freiheit（「自由」）である。その計画についていえば、それは「ヨーロッパにじわじわと進行するイスラム化と闘う」ことである。ウクライナには、一九九五年以降、Svoboda（「自由」）という名の民族主義政党が存在しており、ロシアであれ西洋であれ、外国の影響と闘い、外国人の存在と闘っている。そのスローガンは「ウクライナをウクライナ人に」である。この語のこの疑わしい使用法は、かならずしも新しいものではない。一九世紀末に、エドゥアール・ドリュモンに率いられるフランス反ユダヤ主義の機関紙が設立された。それはすでに『ラ・リーブル・パロール〔自由な発言〕』と呼ばれていたのである。

つまり、私は第一段階において、自由は民主主義の根本的な価値の一つだと信じていた。その後、私は自由のある種の使用法は民主主義にとって危険であることに気づいた。そこには、今日、民主主義にのしかかっている脅威は、外部から、つまり公然とその敵を自称する者たちの側からやって来るのではなく、むしろ内部から、つまり民主主義の価値観を守ると主張するイデオロギー、運動、または策動からから生じるのだ、という徴候があるのだろうか。あるいはさらに、問題の諸価値がかならずしもよいものではないという徴候が？

内外の敵

二〇世紀の主要な政治的な出来事は、民主主義体制と全体主義体制の衝突であった。後者は前者の欠陥を緩和すると自称していた。第二次世界大戦の原因であり、六〇〇〇万の死者と計り知れぬ量の苦痛の原因となったこの対立は、民主主義の勝利によって終結した。ナチズムは一九四五年に敗れ去り、共産主義の崩壊は一九八九年一一月にさかのぼる。最終的な結末を象徴する出来事は、ベルリンの壁の崩壊である。全体主義の脅威の復活は、近未来においては考えられない。たしかに、世界中いくつもの国が共産主義イデオロギーを標榜しているが、それらの国は脅威ではなく、むしろ長くは生き残れない時代錯誤として理解されている。それらの国々で唯一強大国をなす中国は、もはや全体主義体制の「理想型」には対応していない。保守主義者の目には、中国はむしろ共産主義的修辞学、抑圧的な中央集権的政府、市場経済の異様なハイブリッドのように見える。市場経済は――ソヴィエトや毛沢東の共産主義の時代には考えられもしなかったことであるが――外界に門戸を開き、個人が豊かになることを可能にし、さらにはそれを促進するのである。予想可能な将来において、中国が西洋民主主義諸国に軍事攻撃を行なうとは想像しがたい。冷戦の終わりは、共産主義の脅威の消滅を永続的なものにした。

二一世紀初頭、幾人かの権威ある政治学者の影響力が結合したのと、合衆国に対する二〇〇一年九月一一日の攻撃とが理由で、新しい敵が古い敵に取って代わったと主張された。すなわち、合衆国を筆頭に、すべての民主主義国に対する聖戦を呼びかけるイスラム原理主義である。三〇〇〇名の死者をもたらした特攻機によるニューヨークのツインタワーの破壊は、すべての人々に衝撃を与え、現実的な危険を知らしめた。だがそこから、この危険をソヴィエト帝国が呈していた危険と同一視することまでには、リスクなしには乗り越えることができない一歩がある。イスラム原理主義が、大多数がイスラム教徒である諸国においては考慮に入れなければならない勢力であるとしても、その国際的な変種（アルカイダと呼ばれているもの）が西洋諸国に対して呈している脅威は、共産主義諸国が体現していたものとは比べものにならない。この脅威が必要とするのは警察の介入であって、強大な軍隊を始動させることではない。これが具現している暴力がよみがえらせるのは、スターリンの赤軍の記憶よりも、ドイツ赤軍派やイタリアの赤い旅団の記憶である。

この種のテロ行為が民主主義社会に永続的な痕跡を残すとすれば、それはテロ行為がこれらの社会に与えた損害によるよりも、それが引き起こした派手な反応によってである。合衆国はこの巧妙な挑発に対して、自分の眼前で揺り動かされた赤い布切れに突進する雄牛のような仕方で反応した。というのも、ニューヨークのツインタワーに対して行なわれた一回限りの攻撃と、アフガニスタン・イラク戦争とのあいだにいかなるバランスを確立することができるのだろうか。アフガニスタン戦争とイラク戦争は何年も前からつづき、何十万人もの犠牲者を出し、何十億ドルという戦費がかかり、この地域での合衆国の評判を（間接的には安全を）長期にわたって揺るがしたのである。そのうえ、この政治は国の内部そのものに損失をもたらした。この損失はヨーロッパの同盟国にも伝染した。たとえば、拷問の合法的な受容、少数民族に対する差別、市民的自由に課せられる数々の制限である。

イスラム原理主義のテロ（またはジハード主義）は、かつてモスクワが果たしていた役割への信ずるに足る志願者ではない。民主主義体制と異なるいかなる社会モデルも、今日、そのライバルを自称してはいない。まさしく逆である。民主主義への熱望が、それ以前には民主主義が存在しなかったいたるところで表面化している。だからといって、民主主義諸国が武力での自国の防護をもう考えなくていいということではない。地球の住民が突如、天使の部族によって置き換えられたわけではない。

諸国民間にはつねに、敵対、さらには攻撃の数多くの理由が存在する。しかしもはやグローバルな敵、地球規模のライバルは存在しない。反対に、民主主義は自分自身のうちに民主主義を脅かす諸力を分泌する。そして現代の新しさとは、これらの力が民主主義を外部から攻撃する力よりも大きいということである。これらの力と闘い、無力化することは、これらの力もまた民主的精神を標榜しており、したがって合法性の外見を所有しているがゆえに、ますます困難である。

本来、このような状況――悪は善から生じる――には逆説的なものは何もない。私たちは全員がその例を知っている。二〇世紀に私たちが知ったのは、人間が人間自身の存続にとって脅威と化したということである。科学の迅速な進歩のおかげで、人間は物質のある種の秘密を解明し、みずから物質を変化させることを可能にした。しかしこのことは同じく、人間が核爆発にも地球の温暖化にも、温室効果にも、遺伝子操作の結果としての種の突然変異にも脅かされていることをも意味する。私たちの一八世紀、一九世紀の祖先たちが考えていたこととは逆に、私たちは、科学は希望の供給者であるのとまったく同様に、私たちの存続にとってリスクの源泉であるという確信を獲得した。テクノロジーの刷新についても同様である。これは私たちの身体的な努力を軽減してくれるが、しばしば精神の活力を貧困化する。すべては私たちがこれをどのように使用するかにかかっている。

私たちは諸個人間、もろもろの人民間の権利の平等の原則を誇りとしている。同時に、もし地球上のすべての住民が財の消費を西洋の人民の消費に合わせるならば、私たちの惑星は早急に資源の枯渇に直面するだろうことを私たちは知っている。いかなる人間存在も生命に対する同じ権利を持っているると私たちは強く声高に主張する。だから、私たちは小児死亡率を削減する予防医学の進歩を喜ぶ。

しかしながら、私たちは地球上の人口の無制限な増加は破局となることを知っている。

これら逆説的な状況は私たちにとてもなじみ深い。だが、自分自身の敵を生み出す民主主義の状況は、それほどなじみ深くはない。

行き過ぎに脅かされる民主主義

民主主義体制は、おたがいに結びついて複合的なアレンジメントを形成する一連の特徴の全体によって定義される。このアレンジメントの内部では、それらの特徴は、相互に制限し合い、補い合っている。というのも、おたがいに真正面から矛盾しはしないが、それらの特徴は異なった起源と合目的性をもっているからである。均衡が破れれば、非常警報装置を始動させなければならない。

民主主義とはまず第一に、語源的な意味では、権力が人民に属する体制である。実際には、人民全体が代表者を選び、それらの代表者が主権を有する者として法律を制定し、前もって決定された期間、一国を統治するのである。民主主義はこの点で、祖先に由来する諸原理に服すると主張する伝統的な社会とか、神授権をもつ王によって支配される絶対君主制とは異なっている。絶対君主制においては、指導者の継承は同じ家系に属しているかどうかにかかっている。民主主義国における人民は、「自然的」実体に対応はしていない。人民は家族、氏族、部族とは——ここで首位を占めるのは、血縁関係の絆である——、また人種、宗教、または起源の言語のようなある特徴の存在によって定義されるいっさいの集団的実体とは、量的のみならず質的にも異なっている。人民に所属するのは、同じ土地で

msz

みすず 新刊案内

2016. 6

怪物君

吉増剛造

一九六〇年代から現在に至るまで、現代詩の最先端を疾走する詩人中の詩人、吉増剛造。東日本大震災からの五年、渾身の力を込めて書き続けられた一連の詩「怪物君」。本にするのは不可能といわれてきた詩の群れがついに詩集のかたちになる。

震災の後に見た光景、土地の記憶、人々の声、古今東西の言葉……。生者と死者が交わる場所に、途方もないヴィジョンが立ち上がる。囁くように、叫ぶように、あらゆる声が響き渡る、世界に対する詩の応答。詩は遂にここまで到達した。

B5変型判　一六二頁　四二〇〇円（税別）

料理と帝国

食文化の世界史 紀元前2万年から現代まで

レイチェル・ローダン
ラッセル秀子訳

壮大なる食の歴史——そんな表現がふさわしい。本書は、紀元前二万年の穀物料理から現代のハンバーガーまで、世界の食文化の興亡をたどった大著である。政治や経済、社会、宗教に影響を受けて食が形づくられ、周期的に大きな変化を遂げ新たな食文化が生まれ、そのいくつかが世界中を圧倒するようになった。そうした様相を詳述する。

全編を通して各時代の調理の習慣、儀礼の方法やその意味がこまやかに説明され、古今東西の料理が紹介される。様々な穀物類、多種多様な野菜・果物、香辛料、水産物、食肉、乳製品、嗜好品……。古代ギリシャの食生活、オスマンの食文化、英国上流食、フランス王朝の晩餐、カウンターキュイジーヌ……。商人、宣教師、軍隊が、海を越え山を越え、砂漠を渡り国境を過ぎ、食文化をいかに普及させてきたか。そこにはどんな出来事があったのか。包括的な歴史を見事に描いている。図版六八点、地図一〇点収録。

A5判　五二八頁　六八〇〇円（税別）

読者カード

みすず書房の本をご愛読いただき，まことにありがとうございます．

お求めいただいた書籍タイトル

ご購入書店は

・新刊をご案内する「パブリッシャーズ・レビュー　みすず書房の本棚」（年4回 3月・6月・9月・12月刊，無料）をご希望の方にお送りいたします．

（希望する／希望しない）

★ご希望の方は下の「ご住所」欄も必ず記入してください．

・「みすず書房図書目録」最新版をご希望の方にお送りいたします．

（希望する／希望しない）

★ご希望の方は下の「ご住所」欄も必ず記入してください．

・新刊・イベントなどをご案内する「みすず書房ニュースレター」（Eメール配信・月2回）をご希望の方にお送りいたします．

（配信を希望する／希望しない）

★ご希望の方は下の「Eメール」欄も必ず記入してください．

・よろしければご関心のジャンルをお知らせください．
（哲学・思想／宗教／心理／社会科学／社会ノンフィクション／教育／歴史／文学／芸術／自然科学／医学）

（ふりがな） お名前　　　　　　　　　様	〒
ご住所　　　都・道・府・県　　　市・区・郡	
電話　　（　　　　）	
Eメール	

ご記入いただいた個人情報は正当な目的のためにのみ使用いたします．

ありがとうございました．みすず書房ウェブサイト http://www.msz.co.jp では刊行書の詳細な書誌とともに，新刊，近刊，復刊，イベントなどさまざまなご案内を掲載しています．ご注文・問い合わせにもぜひご利用ください．

郵便はがき

料金受取人払郵便

本郷局承認

9196

差出有効期間
平成29年12月
1日まで

113-8790

505

東京都文京区
本郷5丁目32番21号

みすず書房営業部
行

通信欄

ご意見・ご感想などお寄せください．小社ウェブサイトでご紹介させていただく場合がございます．あらかじめご了承ください．

昆虫の哲学

J＝M・ドルーアン
辻 由美訳

古来人間は、昆虫をどのように考えてきたか、つまり哲学してきたのか。これが本書のテーマである。クモ、サソリはまだしも、ワニまでを昆虫に分類しようとした学者。人間に比して小さな昆虫は、スケール効果の格好のテーマとなり、ハチの巣やアリの巣に君臨するのは、「王」か「女王」かという論争もあった。社会性昆虫をめぐっては、共和制、王政、奴隷、労働など、擬人化された議論が白熱した。その経過が、じつに面白い。

著者の専門は科学哲学だが文学にも造詣が深い。ダーウィン、ファーブルの独創性はもちろん、プルースト、安部公房などの作家にみられる「昆虫学者の視線」に着目する。現代になると、ユクスキュルの環境世界論があらわれ、ハイデッガー、カンギレム、メルロ＝ポンティ、アガンベンに受容される。「昆虫は、科学的研究や、芸術的創造や、哲学的思考へといざなう」と著者が言うとおり、この小さな巨人たちの世界は広大無辺である。

四六判　二四八頁　三六〇〇円（税別）

科学の曲がり角

ニールス・ボーア研究所　ロックフェラー財団　核物理学の誕生

フィン・オーセルー
矢崎裕二訳

「一九三〇年代にニールス・ボーア研究所では核物理学への転向が起こった。また同時期に国際的基礎科学への資金援助情勢にも変化が生じた（ロックフェラー社会貢献事業に見られる変化などはその代表である）。そして研究所の転向は、この変化に対するボーアの反応と行動によって起こった。これは一体どういうことを指しているのか、そして、それに関わって起こったことは何だろうか」。

世界の頭脳といわれる研究者が集まって純粋な研究機関としてはじまった研究所が、経済援助を受けるとどうなるか。多くの分野に貢献事業を起こしたロックフェラー財団は、具体的に何をしてきたか。第二次大戦中から現在にいたる、科学が国家と経済界に組み込まれていく起源を、ニールス・ボーアおよび研究所とロックフェラー財団のやりとりに見据え、核物理学を中心に当時の現場をたどる。ニールス・ボーア・アーカイブの所長でボーア全集の編集主幹が描く、類のない科学史。

A5判　四四八頁　八二〇〇円（税別）

最近の刊行書

——2016年6月——

吉増剛造
怪物君 4200円

フランコ・モレッティ　秋草俊一郎・今井亮一・落合一樹・高橋知之訳
遠読——〈世界文学システム〉への挑戦 4600円

アトゥール・ガワンデ　原井宏明訳
死すべき定め——死にゆく人に何ができるか 2800円

マーカス・レディカー　上野直子訳　笠井俊和解説
奴隷船の歴史 6800円

エドマンド・フェルプス　小坂恵理訳
なぜ近代は繁栄したのか——草の根が生み出すイノベーション 5600円

＊＊＊

—「書物復権」復刊　2016年—

モードの体系　R. バルト　佐藤信夫訳 7400円
歴史・レトリック・立証　C. ギンズブルグ　上村忠男訳 3500円
中国の伝統思想　島田虔次 5200円
この私、クラウディウス　R. グレーヴズ　多田智満子・赤井敏夫訳 4200円
持続可能な発展の経済学　H. E. デイリー　新田・藏本・大森訳 4500円

＊＊＊

—好評重版書籍—

死者の贈り物　長田 弘 1800円
波止場日記——労働と思索《始まりの本》　E. ホッファー　田中淳訳　森達也解説 3600円
ＧＤＰ——〈小さくて大きな数字〉　ダイアン・コイル　高橋璃子訳 2600円

＊＊＊

月刊みすず 2016年6月号

「なぜ「不安」は消えないのか」伊藤浩志／「ヴァールブルクの鋏」カルロ・ギンズブルグ／「譜読みを学ぶ」アレックス・ロス／連載：「思春期と向き合う——図書館の可能性」辻由美／「住まいの手帖」植田実／小沢信男・大谷卓史・外岡秀俊・池内紀・大井玄・ほか　300円（6月1日発行）

みすず書房
東京都文京区本郷 5-32-21　〒113-0033
TEL. 03-3814-0131（営業部）
FAX 03-3818-6435
http://www.msz.co.jp

表紙：片山敏彦　※表示価格はすべて税別です

生まれたすべての人々であり、そこにはこれらの人々に受け入れられた人々も付け加えられる。民主主義国の内部では、少なくとも理論的には、すべての市民は権利において平等であり、すべての住民は尊厳において平等である。

この最初の根本原理に第二の原理が付け加えられるときに、近代民主主義は自由主義的であるといわれる。個人の自由の原理である。人民は主権者のままであっても、まったく別の選択をすれば、人民を外的な力に服させることにもなるだろう。だが人民の権力は制限されている。権力は個人の境界で停止しなければならない。個人は自分のうちでは主人なのである。個人の生活の一部は公的な権力に属している。他の部分は独立している。つまり、私的な開花は個人的実存の合法的な目標と化したのである。したがって、唯一の原理の名において社会生活を規制することはできない。集団の満足感は個人の満足感と一致しない。これら二つの自律の形式――人民主権と個人の自由――のあいだに確立する関係は、相互規制の関係である。個人は自分の意志を共同体に押しつけてはならないし、共同体もその市民のプライベートな問題に介入してはならない。

民主主義はまた政治活動についてある特定の考え方を後ろ盾にする。民主主義はここでも二つの極端を回避する。一方で、神権政治や全体主義体制と違って、それは人民に救済を約束しないし、人民が救済に到達するためにたどらなければならない道を押しつけもしない。地上の楽園の建設はその計画のなかに入っていない。いかなる社会秩序の不完全も解決不能な所与と見なされている。だが他方、民主主義は伝統的な保守的な体制とも混同されない。後者においては、伝統に強制されるいかなる規則も疑問に付してはならないと考えられている。民主主義はあきらめという運命論的態度を拒絶する。

この中間的な立場は、矛盾するさまざまな解釈を許容するが、いかなる民主主義も社会秩序の改善――集団的意志の努力のおかげによる改善――の可能性という考えを前提としていると言うことができる。「進歩」という語は今日、信用されていないが、この語が含んでいる観念は民主主義の計画に本質的に属している。そして結果は明らかである。すなわち、民主主義諸国の住民は、たとえしばしば自分たちの条件に不満足だとしても、他の諸国の住民よりも正しい世界で生きているということである。彼らは法律に守られている。社会の構成員間の連帯を享受している。社会は老人、病人、失業者、貧民に恩恵を与えている。彼らは平等と自由の原理、さらには友愛の精神を標榜することができる。

民主主義は、権力制定の様式と権力行為の目的だけでなく、権力が行使される仕方によっても特徴づけられる。ここで中心となる語は多元主義である。というのも、すべての権力が、いかに合法的であろうとも、同じ個人にゆだねられてはならないし、同じ団体に集中されてもならないからである。司法権が政治権力（行政権と立法権はここで結びついている）に服従することなく、自分の考えだけで判決を下すことができることが、きわめて重要である。メディア権力についても同様である。最後にやって来たこの権力は、政権のためだけに役立ってはならない。それはそれ自体が多元的でなければならない。経済は、私的財産に依存しているが、政治権力に対してみずからの自律性を保持している。政治権力は政治権力で、数人の大物の経済的利益に役立つたんなる道具に変化することはない。人民の意志はまた他の次元の限界にぶつかる。この意志が一時的な感情や巧妙な世論操作の影響をこうむらないためには、この意志は熟慮の末に定義され一国の憲法に記載された大原理、またはたんにもろもろの人民の叡知から継承した大原則に一致しなければならない。

民主主義という理念それ自体に本質的に属する危険は、その構成要素の一つを切り離して考え、もっぱらそれのみを優遇することからやって来る。これらさまざまな危険を一つに結びつけるものとは、一種の行き過ぎ《デムジュール》の存在である。人民、自由、進歩は、民主主義の構成要素である。しかしそれらのうちの一つが、それ以外のものとの関係から解放されるならば、このようにしていっさいの限定の試みから逃れ、唯一の原理に格上げされるならば、それらは危険へと変化する。ポピュリズム、ウルトラ自由主義、メシア信仰、つまり民主主義の内なる敵である。

古代ギリシア人がヒュブリス〔傲慢〕、または行き過ぎと呼んだものは、人間的行為の最悪の欠陥だと見なされていた。すなわち、自分自身に酩酊する意志、これを感じている人にすべては可能だと納得させる傲慢である。その逆は、とりわけ政治的美徳と見なされていた。中庸、穏健である。最初にこれについて語った人々のひとりであるヘロドトスは、その『歴史』のなかで破局的な結末をもたらしたヒュブリスのケースを物語っている。ペルシア王クセルクセスは自分の王国と権力の境界をさらに拡大するためにアテネ人たちと戦争しに出発したがっていた。最終決定を行なう前に、彼は助言者たちに意見を求めた。助言者たちのひとり、アルタバヌスは彼が戦争状態に入るのを思いとどまらせようとした。「神は節度を超えたものはことごとくおとしめ給うのが習いでございます、大軍が寡兵《かへい》に敗れますのも同じ理で、たとえば神が大部隊の威勢を憎まれて兵士の心中に恐怖の念を生ぜしめ、あるいは雷鳴を轟かせて脅かされますと、さすがの大軍勢もあえなく潰滅いたすのがそれでございます。神明は御自身以外の何者も驕慢の心を抱くことを許し給わぬからでございます。[(1)*]」王はこの思慮深い意見に耳を貸さなかった。王とその国に対する結末は、もちろん惨憺たるものであった。

古代ギリシア人においては、神々は、神々に取って代わろうとし、自分たちですべてを決めることができると信じている人間たちの傲慢を処罰する。キリスト教徒においては、人間存在はその誕生以前からして原罪を刻印されている。この原罪が人間のあこがれをきびしく制限するのである。近代民主主義諸国の住民は、神々をも原罪をもかならずしも信じない。だが彼らの野心へのブレーキの役割を果たすのは、社会組織と民主主義体制の複雑さそのものであり、民主主義体制が和解させることを機能としている多様な要求であり、民主主義体制が満足させようとしている矛盾し合う利益である。民主主義の第一の敵対者は、多元的なものを唯一のものに還元し、かくして行き過ぎへと道を開く単純化である。

民主主義の構成要素——進歩、自由、人民——に由来する、民主主義の内なる脅威に言及するために、私はこの書物で私自身の体験に助けを求めたい。全体主義国での私の人生の最初の三分の一、リベラルな民主主義国でのその後の三分の二の人生である。その間、思想史家となった私は、私の主題を過去の数ページを想起することによって例証せざるをえなかった。だがこれらの言及は手短なものであって、私や他の人がほかで行なった分析に取って代わるつもりはない。私の報告は網羅的なところは何もない。私は民主主義に対する他の内的な脅威については触れずにおく。というのも、私が言及するのは、私に身近なことだけだからである。私はテクストのなかに引用したさまざまな著者に大きく負っているが、とりわけ哲学者にして人文諸科学の研究者である、私の友人であるフランソワ・

フラオーである。その発言と著作は、数十年来、私の省察をはぐくんでいる。これらのページを通しての私の目的は、治療薬や処方箋を提案することではない。そうではなく、私たちが生きているこの時間と空間をよりよく理解する一助となることである。

第2章　古来の論争

登場人物

問題の核心に入る前に、遠い過去のあるエピソードについて触れたい。というのも、このエピソードが現在を明らかにする助けになることを期待しているからである。

物語はいまからおよそ一六〇〇年前にくり広げられる。プロットの最初の場所はローマである。四世紀に、キリスト教は政治権力に接近を始めた。四世紀初頭、皇帝コンスタンティヌスが改宗し、彼の後継者のひとりであるテオドシウスがキリスト教を帝国の公認の宗教にして、異教の祭式を禁止したのである。ローマは教義をめぐるさまざまな解釈を擁護する人々の論争の場と化した。その人々のなかに、イギリス諸島出身の、高飛車な話し方をするペラギウスという名の説教師がいた。彼は三五〇年頃の生まれと思われる。ローマには三八〇年前後にやって来た。彼は金持ちのローマ人の退廃した習俗を痛烈に批判し、自分たちの救済のためにただちに行動するように要求する。すなわち、キリスト教の戒律に従い、肉の快楽を断ち、自分たちの富を貧しき人々に分かち与えるように要求するのである。彼らの運命は彼ら自身の手中にある。彼らは自分の過失の一つ一つに対して責任がある。ペラギウスの教えは良家の若者に強い印象を与え、若者は彼の周囲に弟子のサークルを形成する。弟子たちは罪に満ちた以前の生活を悔い、聖性に心惹かれるのである。

神学論争だけがローマ人の関心事なのではない。しばらく前から北方の蛮族が憂慮すべき激しさで帝国を攻撃している。四〇八年、首長アラリックに率いられた西ゴート族がローマを攻囲する。西ゴート族は押し返されるが、翌年末、またやって来る。二度の攻撃のあいだにローマ人は逃走を開始する。そのなかには、数人の弟子に伴われたペラギウスがいる。四〇九年、彼は旅をするために乗船する。この旅で彼は北アフリカにおけるローマの属州であるカルタゴに行き、ついで近隣の都市であるヒッポに行く。ヒッポでは、キリスト教の司教であるアウグスティヌスなる者に会おうとする。

アウグスティヌスは北アフリカで生まれた。ペラギウスとほとんど同年齢で、ペラギウスのようにイタリアに行き、そこでキリスト教に改宗した。数年後、故国にもどり、三九五年、ヒッポの司教になる。多作の作家であり、古典的な教養をも新しい神学をも自由に駆使するアウグスティヌスは、競合するキリスト教思想家との数多くの論争にかかわる。その世紀のまさに最後の年に、彼は自分の人生とキリスト教信仰について物語る『告白』というきわめて独創的な書物を書き、公表した。ペラギウスはローマでアウグスティヌスが噂になるのを聞いた。だが彼の思想のすべてには同意しない。とりわけ憤りを覚えるのは、司教が自分の力を信頼せず、自己を神の意志にゆだねることを好んでいることである。アウグスティヌスはペラギウスの否定的評価についてはまったく知らないが、おそらくペラギウスの教義についてはは人伝に聞いて知ることとなった。だがアウグスティヌスのほうもまたペラギウスの教義が自分の好みではないと考える。いずれにしても、出会いの申し出はていねいに退ける。二人は一度も会うことはないだろう。

一年後、ペラギウスは北アフリカを去り、パレスティナに赴く。パレスティナには他にも信仰の問題に熱中した多数のローマ人亡命者が集結していた。エルサレムを中心に宗教的な議論が盛んに行なわれ、ペラギウスとその弟子たちも積極的に参加する。四一一年、ある公会議が彼らのキリスト教解釈を断罪する。だがこのことは、ペラギウスが以後何年にもわたって、数多くの書簡や論説を公表することの妨げにはならない。四一五年、ある司教区会議が、いかなる異端の非難も彼には当たらないと宣告する。アウグスティヌスはこのことを知り、自分も論戦に加わることに決める。同年、アウグスティヌスは『自然と恩寵』と題する反ペラギウスの論説を書く。以後、何年にもわたり、この主題にかんするテクストが他にも数多く出版されるだろう。ペラギウスとの論争は、四三〇年に死ぬまでアウグスティヌスの心を占める。これはキリスト教史全体でもっとも重要な対立の一つである。そして、この対立の影響は私たちのあいだに根強く生きている。何が問題になっているのだろうか。(1)

ペラギウス——意志と完全さ

ペラギウスにとって、人間は全面的に悪しき本性を付与されているということはありえない。確かにペラギウスは、財貨への愛が飽くことを知らず、名誉欲が満足させられることはけっしてないことを知らないわけではない――というのも、彼は自分の周囲にこれを観察することにかけては怠りないからである。だが、人間をこうした傾向に還元することは幻想を抱くことである。人間は人間に対して狼ではない。あるいは、狼であるだけではない。そもそも、人間が狼であるならば、人間を改善するいかなる希望もむなしいことになるだろう。何を頼りにすることができるのだろうか。人間にその本性とは逆の美徳を求めることができるのだろうか。この最初の基本前提は聖書に由来する。神は御自分にかたどって人を創造された（創世記、I, 27）。ところで、神は善きものである。私たちもまたこのことについて経験的な確証を得ている。すなわち、私たちが卑劣な行ないをなし遂げるときには、私たちは悪いことをしたという意識をもち、赤面し、後悔したり恥ずかしく思ったりする。この意識はすべての人間に固有のものであり、善の側にある。それは私たちのうちにある一種の道徳的法廷である。そしてそれは私たちが信じている教義に左右されない。異教徒もキリスト教徒と同じくこれを所有しているからである。

　人間が備えている積極的な能力のなかで、ある能力が特筆されるにあたいする。聖書の神は意志の自由を享受し、この意志の自由が神をして無から世界と人間を創造することを可能にした。もし神が人間を自分にかたどって造ったのだとすれば、人間もまた自由意志をもっている。ペラギウスは自己の信念の足場を聖書のあるテクストに見出し、その後、似たような文脈でしばしば引用している。シラ書〔集会の書〕（XV, 14）のギリシア語訳につぎのように読むことができる。神は「人間を創造し、人間を自分で決定する力にゆだねた」〔「主《しゅ》が初《はじ》めに人間《にんげん》を造《つく》られたとき、／自分《じぶん》で判断《はんだん》する力《ちから》をお与《あた》えになった」『聖書』新共同訳〕（ヘブライ語の原本では「自分自身の性向《パンシャン》の力」となっている）。そして、神の意志が限界を知らないように、人間の意志はすべての障害を乗り越えることができる。それは、私たちが意志を有しており、私たちの行為を方向づけることができ、善と悪とを区別することができるからである。「私たちは私たちの意志を行使することなくして善も悪もなすことができないし、私たちは善悪の一方をなす自由をつねにもっている」[2]（「デメトアリアに」8, 1）。自己の本性によって全面的に決定されている存在は、道徳的判断の対象となりえない。人間の尊厳は選択する能力からやって来る。そしてこの態度を決する能力によって、人間は動物と区別されるのである。

このことによって、原罪の観念が揺さぶられる。人類の構成員全員が罪人であるならば、彼らが何をなそうと、彼らがアダムの子孫に属しているという事実そのものによって、一つの限界が彼らの意志に――間接的には神の意志に――課せられるだろう。ペラギウスはつぎのように推論する。私たちに要求される行為が私たちの能力に属していないのであれば、その行為を実行しないことを罪と呼ぶことはできないだろう。誰かが一〇〇キロメートルを一時間で走らなかったからといって非難することはできない。それは人間の可能性を超えているからである。ある行為を罪と呼ぶことができるためには、私たちは別な仕方で行動できたのでなければならない、つまりその行為が私たちの意志の領域に属していなければならない。困難を克服するならば、それは私たちの功績による。挫折するならば、過ちによる。「人間の罪の源泉は、人間の本性ではなく、人間の意志のなかにある」（「年長の友人に」1, 5）。私たちが罪を犯すのは、私たちがアダムの罪を受け継いだからではない。私たちの祖先の行動を模倣するからである。つまり、この罪は先天的ではなく後天的なのである。

私たちの改善にはこれこれの克服不可能な障害が存在するということを拒否するための教義上の理

由はないとしても、教育の論理は私たちに改善を強要しなければならない。教育における最善の方法とは、よい傾向を明らかにすることである。もしあらかじめ私たちが罪へと強いられていることがわかっているのであれば、行動への大きな誘因は消滅する。つまり、いっさいの努力を放棄し、自己の運命を受け入れ、犯された悪を甘受する。これがまさしく、ペラギウスがたとえば『告白』に読むようなアウグスティヌスの教義において非難していることである。どんな犯罪者も、自分は原罪の圧力をこうむったのだという口実で、自己の犯罪が許されることを要求することができるのだ！　反対に、私たちの行為にはいかなる必然性もなく、別な仕方で行動できたことを知っているならば、私たちは自己を修正すべく促されるだろう。

つまり、人間は自己自身を救済することができるのである。だからといって、神の介入はまったく無益だということにはならない。そうではなく、私たちは神の位置を限定することになるのだ。ひとたび実存に身を投じるや、個人は、場合によっては起こりうる不都合な展開から抜け出すために、神の恩寵を受けることをもはや期待してはならない。人間が当てにすべきは自分自身の力である。恩寵は不可欠である。だが恩寵はまさしく、神が最初から人間に自由を与えていることにあるのである。アウグスティヌスはその後、このペラギウス主義者の論法をつぎのように要約するだろう。「神の命令を実行するのに神の助けはまったく必要としない、と彼らは主張する。というのも、神の恩寵は私たちに自由意志を与えたからである。[3]」要するに、神は個人の地上の生活の前後において有用なのである。前においては、善と悪とを区別する意識、および一方を追求し他方を回避する意志という、この貴重な支えを私たちに授与するため、後においては、最後の審判の際に、報酬と懲罰を分配するためである。しかし、両者のあいだにあっては、神は身を引き、人間の大げさな身ぶりを遠くから眺めている。神は私たちを私たち自身の決定に左右される唯一の絶対的支配者にしているのである。

ペラギウスは自分が正統的なキリスト教徒であると信じている。しかしながら、彼の教義はいまだ宗教の領域に属しているのかどうか、むしろ生活の規則、すなわち倫理学と化したのではないか、と問うこともできる。神は人類のすべての構成員にみずからの恩寵を与えたのである以上、救済を獲得するためにキリスト教徒である必要はほんとうはない。キリスト教徒とまったく同様に救済へと到達する有徳な異教徒たちも存在するのである。人間に要求される根本的な資質は――教義であれ教会であれ、それへの――服従ではない。そうではなく、自己のコントロールであり性格の強さである。恭順ではなく、自己の運命を自己の手に奪取することである。ペラギウスの神はプロメテウスを思い起こさせる。このギリシアの巨人は人間に火をもたらし、このようにして人間に自分の生を支配することを可能にした。この観点からすれば、ペラギウス――この峻厳な賢者――は、キリスト教徒よりも古代の賢者を思い起こさせる。キリスト教徒は自分の羊飼いに従順であり、教会という制度の権威に服従し、神の恩寵をおとなしく待っている。こういった点で敬虔な説教師よりもストア学派の哲学者に近いペラギウスは、私たちに救済の道を歩ませるために純粋に人間的な手段を当てにしている。すなわち、教育、社会的環境、個人の努力である。

人間は生まれつきの不十分さ、すなわち原罪の刻印を押されていない以上、自己を改善しようとする努力においていかなる限界にも出会うことはない。神の理想は人間には到達不可能ではないのだ。ペラギウスはこの結論のためにその時代に評判の高かった著作を引き合いに出す。ルフィヌスの『格言』である。そこにその著者のつぎのような省察を読むことができる。「神は人間に自分自身で選択する自由を与えた。その目的は、汚れなく、罪もなく生きることによって、人間が、ついにはかならず神のようになることができることであった。」確かに、旧約聖書においても新約聖書においても、人間は神々のようになると想定する表現が見出される。「あなたがたの天《てん》の父《ちち》が完全《かんぜん》であられるように、あなたがたも完全《かんぜん》な者《もの》となりなさい」（マタイによる福音書、V, 48）。あるいは、「あなたたちの律法《りっぽう》に、〝私は言《い》った。あなたたちは神々《かみがみ》である〟と書《か》いてある」（ヨハネによる福音書、X, 34。詩編、LXXXII, 6を参照）。しかしペラギウスとルフィヌスがこの表現に与えている意味は、もっと強い。問題なのは、神という例を模倣することだけではない。自身の人生の管理についていえば、人間は神の力に匹敵する力を有している。彼は自己の存在の創造者となるだろう。ここで思い出されるのは、むしろ蛇の言葉である。蛇がエヴァをそそのかして善と悪の知識の木の実を味わわせるときである。「それを食《た》べると、目《め》が開《ひら》け、神《かみ》のようになる」（創世記、III, 5）。つまり、原罪へとみちびく言葉そのものである！

目的はかくも崇高なのであるから、いかなる努力も、いかなる犠牲もよけいだということはない。その報酬は永遠の栄光である。ペラギウスは気むずかしい師である。その同じ町の人たちが営んでいるだらしない生活についての通常の釈明を受け入れたりはしない。進歩は私たちの手の届くところにある。神は私たちにその力を与えた。そこに意志を付け加えるだけで十分である。完全さは人間に到達可能である。したがって、人間はそれを熱望しなければならないのだ。万人はある種の行動規則に服さなければならない。しかし善に到達せんとする人々は、もっと高邁な要求に直面している。ペラギウスは、結婚することになっていたが、処女のままキリストにその人生を捧げようと決めているデメトリアという若い娘に長い手紙を書いている。ペラギウスは彼女を全面的に激励するのである。金持ちは貧しき者たちに自分の財産をただちに分配しなければならない。その代わりに、挫折する者たちは、弁解の余地はなく、適切な懲罰を被るだろう。食べ物にかんする禁止に違反したために、アダムとエヴァは死すべき者になることを強いられた。もっと重大な罪の場合、いかにして厳しい天罰から逃れることができるだろうか。いずれにしても、犯された罪が軽いという口実で、恩恵を得られるチャンスはほとんどない。地獄では弱い火がある者たちを待っており、もっと熱い火が他の者たちを待っているとでも思っているのか、とペラギウスは叫ぶ。神々のようになるチャンスをつかまえなかった人々は全員が、時間の終わりまで燃えるのである。

ペラギウスは人間の能力について楽観的なヴィジョンを抱いている。まさにこのことから、彼は自分の要求の水準をきわめて高く設定する。失敗しても、個人には弁解の余地はない。神、摂理、社会、あるいは状況を非難しても無駄である。彼は自分自身を批判することしかできない。すべては彼自身の過ちである。彼の敗北に、恥の感情、または抑うつ状態が付け加わるならば、彼はまさしくそれにあたいしたのである。他方では、この個人が自分自身の完全さの実現に努めることだけでは満足せず、身近な人々や同じ町の人たちを完全さへとみちびくことも自己の責任だと決意するならば、その結末を想像することは可能である。すなわち、いかなる犠牲を要求しても——今回は彼らから要求しても——、やりすぎということにはならないだろう。ある者たちが自分たちは神々に似ていると思っている以上、彼らが自分たちよりも弱い他者を、同じ道にみちびくために服従させることを誰が非難できるだろうか。報酬がかくも大きいならば、骨折り甲斐はあるのではないだろうか。

アウグスティヌス——無意識と原罪

ヒッポの司教であるアウグスティヌスは、その人生を教会に捧げた。ペラギウスが教会にいかなる特別席も割り当てていないこと、また彼が、金持ちが自分たちの財産を地上における神の代理人にゆだねるよりも、貧しき人々に直接に分配するのを推奨していることを知って、アウグスティヌスにできるのは警戒することだけである。そして彼はペラギウス主義への徹底的な反駁に自分の人生の晩年を捧げるのである。

第一に、アウグスティヌスが攻撃するのは、ペラギウスの著作から明らかになるような人間心理の解釈である。ペラギウスにとって、人間の行動は意志に全面的に服することができる。ペラギウスは想像する。人間は、自分自身に対して隅から隅まで透明であり、自分の意識と意志を完全に理解することができ、自分がそれであるものと自分が望むものとのあいだにいかなる距離もない、と。重大な過誤だ、とアウグスティヌスは反論する。『告白』の著者は何年ものあいだ自己自身の存在を観察し、そうではないことを知っている。「人間のうちにある人間の霊にすら知られていない何かが人間のうちにはあります」[4]（X, 5）。「私は、この私というものの全体をとらえることができません。では精神はあまりにも狭すぎて、自分をもいれることができないのでしょうか」（X, 8）。「私のうちにはかなしむべき暗闇があり、自分のうちに存する能力さえも、この暗闇のなかにかくれている」（X, 32）。私たちの欲望のすべてが意識的であるわけではない。私たちは私たちの存在全体に接近することはできない。つまり、私たちの行動は意志だけの結果ではないということである。私たちのうちで働いている諸力は制御することができない。「転倒した意志から情欲が生じ、情欲に仕えているうちに習慣ができ、習慣にさからわずにいるうちにそれは必然となってしまったのです」(VIII, 5)。私たちという存在は自分が欲するものを選ぶことができる――しかし私たちは自分の存在を選ぶのではない。私たちは私たちの意志の被造物ではない。これら無意識のモチベーションについてアウグスティヌスが与えている中心例は、私たちが友人であれ愛人であれ、人に対して感じる魅力である。すなわち、選んだ人たちを愛するのではなく、愛する人たちを選ぶのである。

自分を左右する諸力の本性を知らないがゆえに、自分のうちなる支配者ではない人間は、自分の意志を信頼することも、自分の意志に自分の救済を要求することもできない。自由は幻想ではないが、人は全面的に自由であることは決してない。せいぜい、人は解放の途上にあり、昨日、自由であった以上に今日、自由であることしかできない。人間はけっして神の自由に接近することはないだろう。

私たちの無意識な欲動を全面的に制御し、人間の無力を決定的に克服しようという試みは、アウグスティヌスが原罪と呼んでいるものにみちびく。この概念はすでにパウロの手紙にあらわれているが、まさにアウグスティヌスがペラギウスに対する闘いを通じてその教義を練り上げるのである。原罪とは、人類に所属するあらゆる個人に特有の欠如または弱さを意味する。個人は生まれながらにこれを受け継いでいる――つまり、個人の意志とも、これを克服せんとする個人の努力とも無関係な、根本的な欠陥なのである。この欠陥とは、私たちのうちに抑えがたい熱い欲望が存在することであると、アウグスティヌスはときに示唆している。欲望、すなわち性的なリビドー、食欲、どん欲である。しかし原罪そのもの、アダムとエヴァの原罪は、このような欲望の結果ではない。それは唯一の禁止、知識の木の実を味わうことの禁止への違反に起因する。善と悪とは何かを自分自身で知ること、およびこのようにして自分自身の実存を方向づけることができるようになることを選ぶことによって、人類の祖先は罪を犯したのであった。彼らは服従を棄て、自律を選択したのである。かくして、と聖パウロは述べている、「一人《ひとり》の人《ひと》の不従順《ふじゅうじゅん》によって多《おお》くの人《ひと》が罪人《つみびと》とされた」（ローマ人への手紙、V, 19）。原罪とは、恭順を犠牲にして傲慢を選ぶこと、外部の権威の放棄、自分自身の主人であろうとする欲望のことである。人間は自分自身を救済することができると主張することによって、ペラギウスは原罪をくり返し、原罪を賛美する。アウグスティヌスが彼と闘うのは、驚くべきことではない……。

アウグスティヌスにとって、救済の道はまったく異なっている。いかなる人間も自分だけの努力では解放されえない。しかし救済は可能である。人間は無力だからといって地獄で永遠に燃やされなければならないことにはならない。踏み出すべき第一歩とは、キリスト教を全体的に把握することである。十字架上で死ぬことによって、イエスは人類の罪をあがなった。洗礼によって教会に参加することによって、人は救済に向かって最初の一歩を踏み出す。つぎの一歩は自分の行動を教会の戒律に服させることである。服従が救済するのであり、より大きな自律への熱望は破滅させるのである。力は信仰から来るのであって、意志や理性からではない。要するに、救済されるために当てにすべきは人間の自由ではなく、人間が引き起こすことも予知することもできない神の恩寵である。神への道には入り込むことはできない。恩寵を獲得するには、有徳な行為を蓄積するだけでは不十分である。数世紀後、ジャンセニストの決まり文句が要約するように、「神は私たちに何も負っていない」。救済は優秀な生徒に分配される褒美はないのだ。個人的な自主性は無益であるか有害である。教義に、つまり伝統に服従するほうがいい。自己自身によって自己をみちびくことを断念することによって、人はしまいには権威者が指示する善を愛し、命令を受けた方向に行くために自分の自由を行使するようになるだろう。

人間は無力であり、無力でありつづけるべく強いられている。アウグスティヌスが人間について抱いているヴィジョンは、ペラギウスのそれよりもはるかに悲観的である。しかし人間に差し向けられる要求については、アウグスティヌスは彼のライバルよりも著しく協調的である。たしかに、司祭および司教として、彼は庶民と交際すべく促された。それに対し、ペラギウスは、個人的な探求にすでに踏み出した選ばれた弟子たちに囲まれていた。アウグスティヌスの考えによれば、万人は原罪の足かせをかけられ、また同時にしばしば、好ましからざる事情、すなわち敵対的な環境、自分自身の無知の足かせをかけられて、重いハンディキャップとともに出発する。彼らの力は限られている。彼らの知はつねに不完全である。彼らの失敗に対して過度に厳しくあってはならない。キリスト教会は誰をも迎え入れる。それはえり抜きのお偉方のためだけにあるのではない。万人が自分自身をみちびくことができるわけではない。それに対し、万人は従うことができる。ペラギウスにとって、理想的な人間とは大人、全面的な自律へと到達した大人である。アウグスティヌスにとって、人間は自分を知らないか自分を認めない子供である。というのも、彼らは自分の依存と弱さを恥じているからである。人間は神の腕のなかでは赤ちゃんなのである。完全さに接近できない以上、人間の罪を許さなければならない。

論争の結末

当時おこなわれた公開討論では、アウグスティヌスの論法がペラギウスのそれに勝利する。四一八年、ペラギウスの思想は異端であると宣言される。弟子は断罪され、破門され、追放される。ペラギウス自身の足跡は失われる。おそらく間もなく死んだと思われる。論争は数年後、再燃する。今度は、ペラギウスの弟子、ユリアヌス・エクラネンシスがアウグスティヌスを攻撃するときである。しかしヒッポの司教は自説を効果的に擁護する。四三一年、アウグスティヌスの死の直後、新たな公会議がペラギウス主義を断固として、当時の人びとがそう望んだように、決定的に断罪する。他律、あるいは他からやって来た法への服従が、自律、すなわち人が自己自身に与える法に打ち勝つのである。

しかしこの果実は虫が食っている〔内部から崩れ始めている〕のではないだろうか。ペラギウスの省察の出発点にもどれば、神は自分に似せて人間を創造した。ところで、一神教の神は、みずからを異教の神々と根本的に区別するという特性を有している。一神教の神は、宇宙はすでに実在しており、自分がそのなかに秩序を導入する、というようには考えない。彼は宇宙そのものの創造者である。宇宙は彼の意志の自由な行為の結果である。ペラギウスの人間はアウグスティヌスの人間の場合よりもずっと神に似ている。そのうえ、神は人間に対して自然の主人と所有者として振る舞い、宇宙の残余の部分を人間の意志に服従させるように命じている。「増《ふ》えよ、地《ち》に満《み》ちて地《ち》を従《したが》わせよ。海《うみ》の魚《うお》、空《そら》の鳥《とり》と、地《ち》の上《うえ》を這《は》う生《い》き物《もの》をすべて支配《しはい》せよ！」〔創世記、I, 28〕。あまりエコロジックでない忠告である……）。そして神は、自己の同類との相互作用なしに、ただひとりで行動する（というのも、神は同類をもたないからである）。つまり、人間も同じく、自分の人間的環境をも、人間的環境を形成する社会をも気にすることなく、そうするべく定められているのである。

私たちは今日、むしろ人間のほうが自分の姿に似せて神を創造したのだ、と考えがちである。創世記の神よりも福音書の神のほうがずっとそうである。というのも、宇宙を創造する以前においてすら、神は言葉を所有しており、この点で人間に似ているからである。人間は、言語活動が人間に与える力によって、世界を好きなように造形することができるのである。「初《はじ》めに言《ことば》があった。言《ことば》は神《かみ》と共《とも》にあった。言《ことば》は神《かみ》であった」（ヨハネによる福音書、I.1）。しかしこのことが意味するのは、これらの物語を構想したとき、人間は自分が神に付与することになるイメージにそっくりの、自己自身にかんするイメージを抱いていたということである。すなわち、自己の意志の努力でもって、自己を取り巻く世界を作り上げることが可能な存在というイメージである。ペラギウス主義者が人間は神のようになることができるというとき、彼らは、自分の運命と宇宙の残余の部分との支配者としての人間という彼らの概念の、イメージ豊かな表現を見出しているだけである。人間は自分の姿に似せて神を創造するだけではない。人間はまた、自由な創造者の姿に似せて人間を作り上げることをも欲する。神に付与された自立性は、人間が自分自身のために要求する自立性の最初の形式である。結局、創世記の言い回しによって私たちが理解するのは、ペラギウスの精神にのっとって、人間は自分自身を創造するということ、そして人間の意志は限界をもたないということである。そういうわけで、アウグスティヌス教説信奉者が勝利したにもかかわらず、彼らのペラギウス主義者との論争は決してとどまることを知らないだろう。すなわち、キリスト教は神に（地上における神の僕《しもべ》に、したがって教会に）服従することをも、神に似ることをも、つまり自分自身の運命を形づくる自発的な自由な主体として行動することをも、要求するのである。

この論争はキリスト教史でもっとも顕著なものの一つであるが、この場ではこの論争の細部に踏み込むことはできない。教会の公式な教義はアウグスティヌスが教会に伝えた教義のままであるが、キリスト教史全体を通じて、反抗的な精神——人間に過度に積極的な役割を認める精神——と闘わなければならないだろう。これらの精神は、ペラギウス主義あるいは少なくとも「半‐ペラギウス主義」の異端に汚染されているという嫌疑をかけられるだろう。「原理主義的」なキリスト教徒は、この逸脱に対して立ち上がる。ルターにとって、人間が自分自身の努力で自己の救済を保証するなどとは考えられもしない。ジャンセニストの闘いが身を投ずるのは同じ方向だろう。そしてパスカルが堕罪後の人間を記述するときには、ペラギウス主義者に向けられた非難を行間に聞き取ることができる。人間は、と彼が語らせる神が言う。「自分で自分の中心となり、私の助けから独立しようと欲した。彼は、私の支配からのがれ出た。そして、自分のなかに幸福を見いだそうとの欲求によって、自分を私と等しいものとしたので、私は彼をそのなすがままにまかせた[5]」。カルヴァンは、ルイ・デュモンが明らかにしたように、これら二つの観点の独特な総合を実現した。個人をその価値観もろとも実社会に導き入れながら、神の恩寵への個人の服従を意志の行為として解釈することによって、人間は神に似せて形づくられる。このことによって、カルヴァンは近代のプロメテウス的精神を共有しているのである[6]。

併行して、ルネサンス以降、非宗教的な作家は人間的能力の擁護へと身を投ずるだろう。彼らがヒューマニストと呼ばれる所以である。これら人間の本性をめぐるアウグスティヌス的ペシミズムの反対者のなかに、たとえばピコ・デラ・ミランドラが見出される。ピコ・デラ・ミランドラがそれを典拠とすることはないが、彼の思想はペラギウスのそれによく似ている。彼の神は、パスカルが筆写する言説とはきわめて異なった言説を人間に差し向ける。「汝を形づくり、汝自身を陶冶するという名誉ある専断的な力をいわば与えられているがゆえに、汝は汝の偏愛する姿を自分に与えている［にちがいない］。」数年後、一六世紀の初頭、エラスムスはペラギウスを知って、これと一線を画す必要に迫られるが、それでも「神は自由意志を創造した」と主張し、そして付け加える。「人間などいったい何だろう、もし神が粘土のなかの陶工のように、人間の内部で行動しているならば？」

モンテーニュは、世紀末、「われわれの選択や意志の自由」、および「自分で選択し、見分ける」[7]ことができる魂を慈しむだろう。次世紀、デカルトは自由意志を称賛する。「というのは、われわれが理由ある称賛や非難をうけるのは、この自由意志に依存する行為についてのみだからである。そして、自由意志はわれわれをわれわれ自身の支配者たらしめるのであり、そのことによって、自由意志は、われわれを、ある意味で神に似たものにするのである。[8]」彼は同時に、世界は端から端まで認識可能であると考え、このようにして近代的な科学と技術への道を拓く。自分の運命をみちびくことができる人間へのこの信頼は、彼の後継者のうちに広まり、かくして一八世紀の後半になると、ドイツの歴史家にして文献学者であるヨーハン・ザロモ・ゼムラーは、はじめて公然とアウグスティヌスに反対してペラギウスに賛成するだろう。

啓蒙主義の思想もまたペラギウスのテーゼに接近するが、啓蒙主義思想は均質な全体を形成することはないとは、ただちに指摘しておかなければならない。私たちが「啓蒙主義」ということによって意味しているのは、首尾一貫した合理的な教義——万人によって受け入れられた諸原理から、もろもろの結論が厳密な仕方で生じるような首尾一貫した合理的な教義——ではない。それはむしろ、過去から受け継いだり最近表明されたりした、矛盾し合い、あるいは相補い合う諸命題が隣り合う大規模な論争のようなものであって、この論争では、いたるところで、諸個人間でも諸国間でも加速する思想の流通を活用しているのである。ヴォルテールはルソーを攻撃し、ルソーはディドロを批判する——しかし彼らは三人とも啓蒙主義思想に属している。この思想に言及するとき、人はつねにさまざまな選択をしなければならないのである。

フランスにおけるヒューマニズム思想のもっとも偉大な代表者たちは、人間の本性と意志の力をめぐる問いについて、古代からやって来たこれら二つの教義のいずれにも還元されない立場を占めている（だが彼らはこれらの教義を知らないわけではない）。たしかに、彼らは、ペラギウスのように、公的な権力、伝統に由来する価値観、あるいは神の想定された意図への全面的な服従を推奨せずに、個人は自分が生活している社会を改善できるように、自分を改善できると信じている。自分の定めのみを当てにするのではなく、個人は自分自身で自己の救済に一役買わなければならない。つまり、これらの思想家たちは、自立性の側にあるのである。モンテスキューは『法の精神』の冒頭で、「自分自身で行動する」のが人間の本性であると書き、その後、付け加える。「自由な魂をもつとみなされるあらゆる人間は自分自身によって支配されるべきである。」[9] 思い出していただきたいのは、ルソーがその『社会契約論』を、人間は自由に生まれついているのに、いたるところで鉄鎖につながれているという遺憾の念で開始していること、そして彼にとって、この自由という特徴は人間の定義そのものの一部をなしていることである。すなわち、「自分の自由の放棄は、人間の資格の放棄である」。伝統的なキリスト教徒とは対照的に、天国に行くのに、洗礼を受け、教会の慣例に一致し、恩寵を待つだけで十分だとは彼は考えない。「私は反対に、宗教の本質は実践にあり、情け深く、人間的で、優しい善行の人であることが必要であるだけでなく、本当にそのような人は誰でも十分救われるにふさわしいだけの信心をしている、と考えています。[10]」神の恩寵よりもむしろ人間の営みが救済を左右するのである。

同時に、これらの著者はその人類学的概念によって、ペラギウスよりもアウグスティヌスに近い。彼らは人間存在はこのうえなく克服しがたい内的な障害物によって邪魔されていると考えている。彼らは線的な進歩も、人間が完全さに到達する可能性をも信じない。決定的に悪を根絶することはできないのである。

モンテスキューは、人間は自分自身について盲目になりがちであり、彼らがコントロールできない欲動の餌食になっているさまを描いている。「およそ権力を有する人間がそれを濫用しがちなことは万代不易の経験である。[11]」どこにでもあるこの誘惑は原罪と同じく重くのしかかっており、しかもそれと結びついている。問題なのはつねに、自分自身の能力に対する無制限の信頼の危険である。モンテスキューが人間世界にかんする彼の概念のなかで中庸にえり抜きの場を割り当てるのには、もう一つ別の理由がある。彼は普遍的な価値を、つまり超文化的な判断の可能性を信じている。というのも、彼の政治体制の類型学は政治体制の存在をめぐる諸事情に依存していないからである。だから、彼はあらゆる天空のもとで独裁政治を断罪し、これを「怪物じみた政体」と見なすことができる。しかしながら、さまざまな民族の習俗は無限に変化し、ただ一つの基準を使っては評価できないことも知っている。その結果、彼は諸社会のこの多元性を受け入れ、私たちの改革者としての熱意を緩和するよう要求する。つまり、判断力は普遍的であってもむだである。行動は一つ一つの個別ケースに適合しなければならないのである。政治のつとめとは、社会の諸領域の相異なった利害を、それぞれに対して理にかなった妥協を提案することによって和解させることである。政治の目標は相対的なものであって、絶対的なものではない。

ルソーによれば、行き過ぎたいっさいの野心にブレーキをかけるという同じ役割は、人間が必然的におたがいに他者の最中で生きているという事実によって演じられる。ルソーの教義の流布されたイメージが思わせることとは逆に、ルソーは人間存在を個別的には考えない。実存的な孤独、つまり他者が私たちに注ぐ眼差しへの無関心は、人間の動物的な祖先、ヒト化以前の祖先のものである。ルソーが名づけているような「人類の使命」は、社会状態で生活することに存する。「彼［人間］は、他人から何も受け取っていなければ、野蛮でしかないだろう。」人間はこの状態のおかげであますところなく人間になったのであるが、悲しきかな、この状態は「すべての人間におたがいに傷つけ合う邪悪な傾向を吹き込む」のである。人はこの特徴から解放されることを期待することはできないし、期待してもならない。解放されることによって、私たちの人間性を失うからである。ルソーはこの二元性に人間の条件の根本的な性格をみる。彼はこれをつぎのような言い回しで記述している。「善と悪は同じ根源から流れ出る。」つまり社交性、すなわち私たちが不可避的に他者に依存しているという事実からである。(12) 彼はまた、ある面での改善は他の面での後退によって支払われるということ、意志の努力は自動的に報われることはないことを知っている。「その後の進歩は見かけはいずれもが個人の完成への歩みであったが、実際には種の衰微への歩みであった。」

ひとことで言えば、モンテスキューもルソーも、人間は全面的に自分自身の理性で認識されうるとも自分の意志に服しうるとも考えていない。その結果、ペラギウス流のあらゆる完成への夢は、これらの思想家の目には禁止されている。モンテスキューは独裁政治を断罪するが、彼が独裁政治に対立させる原理は、中庸、権力の均衡であって、美徳の支配ではない。ルソーも、まったく別の道を通ってではあるが、似たような結論に到達する――選択によってではなく、むしろあきらめによってである。ここで想起すべきは、『社会契約論』が記述しているのは、実現すべきユートピアなのではなく、既存の国家を分析・評価することを可能にする諸原理だということである。同時に、モンテスキューもルソーも人間のために絶えず、自分の行動を自由に決める権利を要求している。つまり、問題なのはこの衝動を否定することではまったくない。そうではなく、この衝動がつねに制限され、今度はこの制限が尊重されなければならないことを示すことである。実際には、これら啓蒙主義の思想家たちは、世界と人間の不完全性を受け入れるが、改善することをあきらめはしない。しかし神の恩寵を待つのではなくむしろ、彼らは人間が自分自身でこの不完全性を引き受けるように人間に訴えることのほうを好む。つまり、彼らは保守的な運命論をも全面的支配の夢をも拒否する中道を選択するのである。厳密な意味でのヒューマニズムは、主意主義と同時に中庸の性質をもつというこの二重の特徴を有している。最善は可能ではあるが、善は私たちの手の届くところにはないのである。

第3章　政治的なメシア信仰

一八六三年九月一七日、トリノ。夕食のとき、フョードル・ミハイロヴィチは、勉強している少女を見ながら、私に言った。「ねえ、想像してご覧よ。こんな少女が、老人といっしょにいるところを。ナポレオンみたいな男がいて、それがやって来て、こういうんだ。〝町全体を虐殺せよ。〟この世では、物事はいつもこうして行なわれてきたんだ。」

アポリナーリア・スースヴォヴァ
『私がドストエフスキーと親交があった歳月』
ガリマール社、一九九五年、六四ページ

革命期

一八世紀末、名誉を回復されたペラギウスの遺産によって、フランス社会は二重の転換をこうむる。一方で、個人の運命を気にかけるよりも、社会の運命を気にかけるようになる。つまり、道徳についてはより少なく、政治についてはより多くである。このことはルソーとモンテスキューについても同じく真実である。前者は個人の自律への欲求を記述する。彼は個人のアウタルキーを夢見さえする。しかし同時に、人民主権の必然性について強調する。人民は自己の運命の唯一の支配者となるのである。後者は政治体制と法体系に興味をもち、原罪や個人的な救済は彼の関心事に属さない。他方で、人々は神学者と哲学者のあいだの学問的な論争から、政治的行動と、この世の強者や群衆に向けられた言説へと徐々に移行していく。自律への要求はアカデミーとサロンから街へと下りていく。闘争をみちびくのは、もはや学究的な人たちではなく、公的な論争の場に参加した人々となる。秘密出版からフランス革命へと移行するのは、このようにしてである。

爆発に先行する数年間、モンテスキューの省察に（ルソーの省察にさえも）観察することができたような穏健な態度は、啓蒙主義の他の代表者たちの側からの活発な批判にさらされる。彼らはこのようにして、この思潮によって伝えられる遺産に文字どおりの亀裂を導入する。ここで象徴的な形象は、コンドルセのそれである。コンドルセはモンテスキューの作品について注釈を残した。各国に適合した法体系という重大な問題にかんして、コンドルセは自分の先達の多元主義と、コンドルセには保守主義と思われるものを断罪する。もし、科学と理性のおかげで、何がよき法律でなければならないかを定めることができたならば、なぜそれらの法律をすべての人民に与えないのだろうか。もっと一般的にいえば、コンドルセのうちには意志の楽観主義が見出される。ペラギウス的な精神にのっとって、これに十分に取り組むならば、この地表から悪を根絶できると考える。進歩の歩みは無限につづき、すべての人間はいつの日か、満たされ、花咲くだろう。コンドルセがその主たる推進者のひとりである無制限で連続的な進歩への信仰とは、ペラギウスによって主張された個人的な改善の能力を全面的に人類に転換したものである。ここでは、啓蒙主義の内部で、日和見の態度と見えたかもしれないもの（モンテスキューの態度）が、血気盛んな活動主義へと移行している。

論争のテーマと場の変更が、コンドルセの主意主義に付け加えられる。それらの変更はこぞって、人々の心をとらえた忍耐心の欠如に適合した枠組みを提供する。つまり、この枠組みは革命の当事者の好評を得るのである。しかもコンドルセはこれらの人々のひとりとなるだろう。すなわち、コンドルセにとってアカデミー・フランセーズの書記官であるだけでは不十分であって、彼は科学的・哲学的な省察から政治活動に移行することを決定し、一七九一年以降、立法議会の精力的な代議士になるのである。

個人的な領域から集団的な領域へと身を移すことによって、また以前の宗教的な枠組みから解放されることによって、ペラギウス派的な計画は過激化した。そのとき、人間の意志は、共通なものになりさえすれば、善の支配を可能にし、万人に救済をもたらすことができるという考えが重きをなす。そして、このような幸福な出来事は死後、天国で起こるのではなく、今、ここで起こるのである。かくして主意主義は、過去のある種の宗教的異端、すなわち世界の徹底的で途方もない変化を約束する、至福千年説あるいはメシア信仰に似ている——今やこれらの目標の本性が厳密に世俗的であることを除いてである。もしメシアが存在するのであれば、それは集団的な人物、すなわち人民である——ある種の個人にその化身であると自称することを可能にする抽象概念である。超自然的な起源をもついっさいの聖なるものの放棄は、新しい希望の上昇を容易にする。世界は自分たちの欲望にかなうように変化できると人間は思う。そして彼らの行動への意志はこのことによって大幅に増大する。今や、すべては許され、すべてが可能なのである。ペラギウス派のように、革命家は、人間の無限の発展にはいかなる障害も立ちはだかってはならないと考える。原罪はやっかい払いすべき迷信である。たしかに社会は過去をもっている。しかし伝統に服従する義務は少しもない。憲法制定議会の代議士であるジャン＝ポール・ラボー・サン＝テティエンヌのよく引用される表現は、この態度を例証している。「人は歴史を背負い込む。しかし歴史は私たちの規範ではない。[1]」このことが意味するのは、私たちの行動がいかなる規制からも逃れなければならないということではなく、その規制は理性と正義という唯一の原則から想を得なければならないということである。

目的は新しい社会と新しい人間を産み出すことである。現存する存在は不定形の素材と見なされ、意志の努力がこの不定形の素材を完成へとみちびくことができる。すべての人間を有徳であると同時に幸福にするという務めが、手の届く範囲ににわかに出現するのである。第一段階では、よき法律を備えなければならない。革命フランスは途方もないテンポで憲法を消費する。コンドルセ自身、憲法を一つ提案する。コンドルセのために捧げられた公開討論で、サン＝ジュストは自分自身の計画を明らかにする。そのなかで、彼は自分が相手にしている議会に重大な役割を割り当てる。彼の文は想起されるにあたいする。「立法府が未来を制御する。立法府には弱いことは何の役にも立たない。善を欲し、善を永続化するのは立法府である。人間を望むがままにあらしめるのは立法府である。[2]」自由に造形できる人間という素材は、立法府の手中に、つまり議会のメンバーに、もっと正確にいえば議会のメンバーを掌握する人々にゆだねられる。ひとたび善を獲得するや、当然、これを「永続化する」べく専心しなければならない。言い換えれば、暴力の使用を中断するわけにはいかない。革命のあとを継ぐのは恐怖政治である。恐怖政治は偶然の情勢から生じるのではない。計画の構造そのものから生じるのである。至高の善が問題なのであるから、それに到達するために従うすべての道は正しい（「立法府には弱いことは何の役にも立たない」）。そしてそれに反対する者たちをすべて絶滅させる権利をもつ。反対する者たちは反対するという事実そのものによって悪の化身である。障害は悪意からしかやって来ないからである。つぎの一歩は、この手段の目的への変化である。恐怖政治と恐怖政治が必要とする国家制度は、権力のあらゆる力を吸収する。ギロチンはもはやとどまるところを知らない（ラボー・サン＝テティエンヌもサン＝ジュストもギロチンの犠牲者である）。

ご覧のように、平等と自由という理想を掲げながらも、私がここで（その宗教的起源を想起してもらうために）政治的なメシア信仰――メシアなきメシア信仰――と呼んでいるものは、それに固有の最終目的（楽園の等価物を地上に築き上げる）、およびそれに到達するための特有の手段（革命と恐怖政治）を所有している。現世の救済の探求において、この教義は神にはいかなる場も割り当てていない。しかしこの教義は、旧い宗教の他の特徴を保存している。たとえば、新しいドグマに対する盲目的信仰、この信仰に役立つ行為および信者の勧誘における熱情、あるいは闘いで倒れた信奉者の殉教者――聖者として崇めるべき形象――への変化である。至高の〈存在〉への崇拝を抱かしめ、これを褒め称える祝祭を創始するための試みも、同じ傾向に属している。旧い宗教と闘ったコンドルセは、彼が開始することに一役買ったプロセスが到達した結果、すなわち彼が「一種の政治的宗教[3]」と呼んでいるものに恐れをなす。革命によって夢見られた俗権と教権の融合は、反動として、数年後、反革命の神権政治という対称的な計画を出現させた（これは一七八九年以前のフランス国家ではなかった)。未来はコンドルセが恐怖を抱いたことが間違っていなかったことを証明するだろう。

第一波——革命戦争と植民地戦争

ヨーロッパ史において、政治的な(または世俗的な)メシア信仰は、明確に区別されるいくつもの段階を経るだろう。

それらの段階の第一のものは、一七八九年の直後に始まる。フランス革命の絶頂の時期は、短期である。社会も個人も根本的に変化するだけの時間をもたなかった。しかしこの計画はその軍隊に伝達され、軍隊はそれを国境を越えて持ち来たらすことを使命とするだろう。革命は地元で行なわれる戦争である。戦争は他国における革命の継続である。自国よりも他国において善を押しつけることはいっそう容易でさえある。戦争という情況が国内的な抵抗を無視することを可能にするからである。「フランス人民は世界の自由に投票する」とサン=ジュストは宣言する。一七九二年、国民公会は「自分たちの自由を取りもどそうとしているすべての人民に友愛と援助」[4]を与えることをすでに決定していた。実際には、このことが意味するのは、フランスの兵士による彼らの国の占領は合法的だということである。革命戦争の推進者、とりわけジロンド派の諸グループ——コンドルセはそのなかに含まれる——は、必要な場合は軍隊の力によって、いたるところに友愛を輸出することを要求している。永続的な平和という真に卓越した目標に到達できるのは、このような方法によってでしかない。コンドルセは、革命の諸原則の使者であるフランスの兵士は外国の人民によって大喜びで迎えられると確信している。このグループの他のメンバーであるブリソは宣言する。「もう一つの十字軍にとってその時がやって来た。この十字軍は［昔の十字軍よりも］ずっと気高く神聖な目的をもっている。それは普遍的な自由の十字軍である。(5)」万人のための自由のこれらの信奉者の誰も、ほかの人民の未来をこのようにして決定することは、別の面では擁護している普遍的な平等の原則に違反していないかどうかを、みずからに問うてはいない。

ねらい定められた目標はかくも高邁であるがゆえに、手段についてはケチケチしてはいられない。敵の排除は副次的な突発事となる。「自由という皆殺しの天使は、これら独裁政治の衛星を落下させるだろう」と、外国の住民に触れながらダントンは予言する。敵の破壊はもはや不都合ではない。それは道徳的な義務と化す。暴力はカムフラージュされない。それは要求されるのである。革命期の将軍であるカルノーはつぎの公準から出発する。「戦争は暴力的状態である。戦争をする場合は徹底的にしなければならない。」革命の暴力は今度は、反 - 革命の残忍さを引き起こす。相互の関係は限りなくエスカレートしていく。一七九四年初頭のヴァンデ県の弾圧は、このような精神でもって行なわれる。革命は危険な状態にある。至高の善が到来しないおそれがある。だから、敵に同情してはならない。品行方正という規則はただちに忘れられる。「それは残忍である」と懲罰遠征に参加するあるフランスの大尉は書いている、「しかし共和国の救済は否応なくこれを要求しているのだ」（問題になっているのは市民の大量殺戮である）。もうひとりの士官は説明している。「私が自由の土地からその敵を排除するのは、人間性の原則によってである。(6)」

ナポレオンは権力に上りつめたあとで、同じイデオロギーを引き合いに出す。かくして、フランスは二三年におよぶ絶え間なき戦争（一七九二年‐一八一五年）を体験するし、ヨーロッパの残余の諸国に戦争を強要する。これで数百万の犠牲者が出る。内政の次元では、ナポレオンは革命のいくつかの成果を保護し、他の成果を排除する。しかし国際的な領域では、彼は一貫して自己を啓蒙主義と革命の後継者として提示することに決定する。というのも、彼はそれらの価値の魅力を当てにしているからである。ジェルメーヌ・ド・スタールが述べているように、ナポレオンは馬に乗ったロベスピエールである。イタリア遠征の際に彼が刊行させる新聞は主張する。「自由な人民による征服は、敗者の運命を改善し、諸王の権力を弱め、知性を増大させる」と。ナポレオン軍の連隊がスペインを占領したあとで、ミュラ元帥はその皇帝に手紙を書く。「陛下はメシアとして待望されています。[7]」

現実はまったく別である。地域の住民がかつての抑圧者たちが権力から退けられるのを見て安堵するつかのまのち、すみやかに幻滅の時がやって来る。新しい専制政治は、それが外国人によって行使されるがゆえに、ますます苦々しいのである。レジスタンス活動家の暴力は、彼らがこうむる暴力に釣り合っている。ナポレオンの別の元帥であるマセナは、イタリア弾圧の際、「勝利の放縦において回避することの不可能な行き過ぎ」が犯されるのを容認する。イタリアの反乱者もまた、親フランス的共感を抱いていると疑われる人々を火あぶりにすることをためらわないとはいっておかなければならない……。スペインにおいても同様である。そこでは、この機会に、レジスタンス活動を指示するのにゲリラ戦 *guerilla* という語が作り上げられる。占領者は善を押しつけようという彼ら自身の欲望と同様の強い憎しみをもって追跡される。「フランス人とはいかなる種類のものなのか。怪物じみた不可解な存在、中途半端な創造物。このどう猛な動物を殺す権利をもたない人はいない。[8]」

フランスの革命家は、自分たちは他のヨーロッパ諸国における同時代人たちよりも政治的にすぐれていると感じている。アフリカ、アジア、アメリカのもっと遠い諸国に比較すると、彼らは優越性はいっそう根本的であるような気がする。というのも、彼らは自分自身を文明の頂点に位置づけているからである。すべての人民は――とコンドルセは書いている――「いつの日か、フランス人とアングロ＝サクソン系アメリカ人のような、もっとも開明され、もっとも自由で、偏見からもっとも解放された人民がたどり着いたような文明状態に接近し」なければならない。つまり、「これらの民族とインディアンの隷属、アフリカの中小部族の未開状態、未開人の無知を切り離す距離」は消え去らなければならないのである。コンドルセがこれら遠隔地の人民の生活を変化させることを願うのは、平等という理想の名においてである。文明人としての彼の義務とはこれらの人民を未開状態から遠ざけることである。しかしこれらの人民自身は自分たちを待っている善に自覚的であることができず、これにレジスタンスを対抗させることがある。その場合には、それらの人民を強制しなければならない。というのも、コンドルセがまた言っているように、ヨーロッパの人々は彼らを「文明化するか消滅させるか(9)」しなければならないからである。

「もっとも開明的な」国々の指導者は、コンドルセの夢を実行に移そうとする。英国はその世紀の末年、インド半島の蚕食を開始した。ナポレオンもまた一七九八年にエジプトを服従させることを決定する。彼は攻撃の際、彼の軍隊につぎのように訓示する。「兵士たちよ、諸君は征服に取りかかろうとしているが、この征服の文明と貿易に対する影響は計り知れないのだ。」ひとたび勝利がもたらされると、彼は裁判、交通、経済を近代化することに専念する。しかし現地の人々が独立しようと試みると、暴力でもってこれを鎮圧する。ハイチでは、革命の知らせと国民議会の最初の決定が奴隷の反乱をあおり立てる。しかしながら、一八〇一年、ナポレオンの義弟、ルクレールに率いられたフランス遠征部隊は、島に上陸する。彼は反乱者のリーダー、トゥッサン＝ルーヴェルチュールを逮捕することに成功するが、かつての奴隷のレジスタンスを妨げることができない。彼らは自分たち自身で統治することを望んでいるのである。ルクレールはレジスタンスに対して徹底した措置で応じる。「男であれ女であれ、山岳地の黒人はすべて殺し、一二歳未満の子供しか残しておいてはなりません」と彼はナポレオンに書いている。「さもなければ、植民地が沈静化することはないでしょう。[10]」

ナポレオンは植民地帝国を築くことはないだろう。フランスでは、それは次世代の務めである。一八三〇年に始まるアルジェリアの征服は、一八五七年に終結する。インドの全面的な降伏は一八五八年に行なわれ、アフリカ、およびアジアの残余の部分の分割は、世紀末に行なわれる事項である。革命の諸原則の想起はもう通用しない。しかし未開人に文明をもたらし、したがって知性をいたるところに広めるという考えは、つねに現前している。そしてこの考えはフランスのも英国のも征服を正当化するのに役立つ。フランスの首相ジュール・フェリーは、このようにして彼が開始する遠征を正当化する。「高等人種は劣等人種に対して権利をもっている。［……］というのは、高等人種には義務があるからである。高等人種には劣等人種を文明化する義務がある。[11]」彼自身がこの論拠を信じていようがいまいが重要ではない。大事なことは、この論拠が有効だということである。若き兵士たち、その後は植民者が、気高い使命に役に立つという確信をもって植民地に出発するのである。

政治的なメシア信仰の大きな特徴が出そろう。高潔なプログラム、役割の非対称な分配、すなわち一方の積極的な主体、他方の消極的な受益者――彼らから意見が問われることはない――、計画のために役立たせられる軍事的手段である。

第二波――共産主義の計画

メシア計画の全体的な移動――内部から外部へ、すなわちそれ自身の社会の変化から他の社会の解放戦争への移動――は、革命の数多くの信奉者が、革命に向けられた対抗措置を遺憾なこととし、革命を回復することを夢見ることを妨げはしない。この動きはテルミドール九日〔一七九四年七月二七日。国民公会の反ロベスピエール派によるクーデター〕の直後に、バブーフによって先導される「平等派の陰謀」とともに開始する。「フランス革命は」と〝平等派〟宣言のなかに読むことができる、「ずっと大きく、ずっと盛大な、そして最後のものとなる、もう一つ別の革命の前兆にほかならない」[12]。これらの表現のなかで、千年王国思想の精神が芽吹きはじめるのが見られる――最後の闘いの時が近づいている。この千年王国思想の精神が今や共産主義的な語彙によって表現されるのである。陰謀は失敗するだろう。しかし他の数多くの妄想家は、妨げられた革命の続行と過激化を想像しようと試みる。サン゠シモン（コンドルセの弟子）とフーリエ、プルードンとルイ・ブランク、エルツェンとバクーニンは、社会主義の独創的な異本を提供する。もっとも持続的な成功を博する異本は、一九世紀の四〇年代から外国に居住する二人のドイツ人、共産主義の文字どおりの創設者であるカール・マルクスとフリードリヒ・エンゲルスが展開するものである。一八四八年、ロンドンで、持続的な成功を博する定めにある冊子が出版される。彼らの『共産党宣言』である。

この小さな書物は、たんなる商品の等価物と化した、搾取される階級の生の条件を雄弁なことばで記述し、すべての人々に共通の完全な社会の夢を定式化している。その過去の社会の分析は、闘争が人類史を特徴づける社会的相互作用の唯一の形式だという仮説に根拠を置いている。人は我がちに権力を奪取しようとし、これを他者を搾取するために使用するだろう。一つの社会のすべてのメンバーに共通なものは何もない。すべては敵対する陣営のいずれかに属する。普遍的なカテゴリーは何もない。道徳も、正義も、思想も、文明も。いかなる宗教、いかなる伝統（たとえば家族、またはさらに私的所有）も、その階級への所属を免れない。

メシア信仰のこの新しい段階は、同時代の産業革命によって例証される科学的成功に対して万人が寄せる賛嘆の時代にくり広げられる。そこから誕生するのが一つの教義、科学主義である。これを科学と混同してはならないし、科学精神に対立さえしている。この教義によれば、世界は全面的に認識されうる。その結果、世界をある理想に沿って変化させることも可能となる。そしてこの理想は、自由に選ばれる代わりに、認識そのものに由来するのである。この世界観は不活性の物質――物理学の対象――から、人類史と社会の認識にいたるまで押し広げられるだろう。コンドルセはその『人間精神進歩史』のなかで歴史の展開にある意味を観察できると信じる。すなわち、歴史は人類の改善へとみちびく。したがって、生起することは、実際には、あるべきことの化身なのである。抑圧的な政府と司祭が自分たちの権力が弱体化するのを目の当たりにすることは、歴史の容赦ない前進の証拠である。歴史の歩みは私たちを必然的に善へと近づけていくのである。これがまた、歴史が一種の法の基礎を築くということを暗示しつつ、「歴史の法廷」のような表現が前提としていることである——あたかも、最強者の勝利がまた必然的にもっとも正しき者の勝利であるかのように。シラーの詩から借用されたヘーゲルの言い回しは、まさしくこうした概念を要約している。*Die Weltgeschichte ist das Weltgericht*（「世界史は世界の法廷である」）[13]。この言い回しはヘーゲルの弟子たちに採り入れられた。そのなかに若きマルクスがいる。しかしながら、この表現における「法廷」という語は、「最強者の法」における「法」という語や「弱肉強食の掟」における「掟」という語と同様、正義とは関係がない……。

共産主義は、あらゆるメシア信仰と同様、歴史は前もって決定された変更しえない方向をもっているという考えを擁護するだろう。共産主義はそこに自己の行動の正当化を見出すだろう。ここにキリスト教によって神に割り当てられていた役割を認めることができる。今では、歩みの方向を知るために、聖書を読むだけではもはや不十分である。科学的に歴史の法則を確立しなければならない。そういうわけで、共産主義者は自分たちの分析と計画が、堅固な事実にではなく、検討に付することが可能な仮説に根拠を置くことを否定する。「共産主義者の理論的命題は」と『共産党宣言』に読むことができる、「現におこなわれている階級闘争の現実の諸関係を一般的に表現したものにほかならない」[14]。モスクワの中心部にあるマルクスのための記念建造物に刻まれたレーニンの文は、この考え方をなおいっそう上手に要約している。「マルクス主義は真実であるがゆえに全能である。」マルクスとエンゲルスがいっさいの対立する意見にかくも不寛容であるのは、この公準ゆえである。対立する意見が攻撃されるのは、政治的に不的確だからのみならず、偽りであり、したがって重視するにあたいしないからである。

マルクス主義的「科学」によって予見された終わりとは、人間的集団間のいっさいの差異の消滅である。個々の差異は、衝突の原因、最終的には死闘の原因として認識されているのである。そういうわけで、私的所有を廃し、すべての生産手段を国家の手中に集中させなければならない。抵抗する者たちは排除されるだろう。たとえばブルジョワ階級である。彼らの利益は反対方向に向かうからである。「ブルジョワジーの生存はもはや社会とあいいれない。」つまり、ブルジョワ的所有の「廃止」に踏み込まなければならない。「たしかに、こういう個人は廃止されるべきである。」除去の正確な方法は数え上げられていない。だが『宣言』は「独裁的な介入」が必要になることを認めている。望まれた目的は「従来のすべての社会秩序を暴力的に転覆せずには到達[15]」されえないからである。したがって、ブルジョワ階級の物理的排除はプログラムにすでに書き込まれているのである。いずれにしても、『宣言』が検討する社会の変化とは、かくも過激なので——私的所有の廃止、階級の消滅——血の流出なくしてこれを実現することは考えられない。

つまり、一見すると、私たちはここでペラギウス主義的で革命的な主意主義の対蹠地に位置している。というのも、人間の行動は人間には左右できない法則に全面的に服しているからである。しかしながら、マルクス主義は決定論的教義であるだけではない。それは同時に妥協せざる主意主義である。一見矛盾しているこの二つの性格の連関は、「存在が意識を決定する」というマルクス主義の有名なドグマによって明らかにされる。意識は、つまり個人の意志は、歴史の法則によって予見される方向に働くべく保証されている。というのも、意識は歴史の産物だからである。意志は必然的に存在を補佐するのである。

何十年ものあいだ、マルクス主義の教義の信奉者は、マージナルで、さらには非合法の生活を送るか、反対するだけで満足しなければならない社会主義グループと社会党をにぎわすかしている。しかしながら、レーニンがロシアで決定的な貢献を行なうのはこの時期である。この貢献によれば、慧眼なエリートたちが歴史の望ましき流れ（換言すれば、まるで神の道）を特定することができ、念入りに準備されたその行動によって、歴史に一致する出来事を引き起こすことができるのである。そうとはいっていないが、レーニンはマルクス主義のことわざを転倒させた。今や存在を決定するのは、意識の番である。主意主義が決定論に打ち勝つのである。[16] かくして、マルクス主義的な歴史の法則によれば、革命はまず最初に工業化された国で起こらなければならない。ロシアは発展途上の農民国である。しかしロシアはこのうえなく戦闘的な党を有している。したがって、世界革命が開始しなければならないのは、ここロシアである。闘争は今やもはやプロレタリア自身によって遂行されるのではなく、ブルジョワ階級出身の職業的革命家と、身も心も大義に捧げたインテリゲンチャから構成される党によってみちびかれる。プロレタリア独裁は、あらかじめ定められたプログラムに従って社会を変化させるためには不可欠である。この教義の転倒によって可能となるのは、もはや国の現状を尊重することなく、歴史の各段階における党の要求に従って、この現状を相つぐ虚構でもって置き換えることである。

一九一七年、第一次世界大戦のコンテクストのなかで新しい段階が開始する。はじめて、ボルシェヴィキのクーデターのおかげで、当初の信奉者によって要求された教権が、大国ロシアに固有の俗権を後ろ盾にするのである。そのとき、メシア信仰のこの形式、すなわち現実のなかにユートピアを導入するこの試みが始まる。これが未曾有の社会形成を生じさせる。全体主義国家である。その後のことは知られている。ヨーロッパにおける他の全体主義形式の上昇である。ナチズムである。部分的には共産主義と同じ構造的原因によって産み出されたが、同時に共産主義に対する盾、さらには共産主義という脅威を破壊できる武器を自称する。その科学主義はもはや歴史の法則に訴えることはない。訴えるのは生物学の法則に対してであり、ナチスはこれを自分たちの欲求に適合した社会的ダーウィニズムの異本のなかに発見するのである。その仮定された知識に根拠を置くことによって、ナチスは「劣等人種」の消滅を平然と思い描くことができる。その結果として、この二つの全体主義に共犯が生じ、ついで両者の仮借ない戦争が行なわれる。この戦争はソヴィエト連邦が欧米民主主義諸国と形成する同盟の勝利となる。

　共産主義は以前のメシア信仰に取って代わる。ときには、それと闘う。以前のメシア信仰は自由、平等、友愛の名においてなされる帝国主義戦争を通じて、またヨーロッパ文明の名においてなされる植民地征服を通じて出現していたのであった。しかし両者は同じ「共通のジャンル」に属しており、この親近性は共産主義的ユートピア主義の特殊性をより明確にすることを可能にする。まず第一に、フランス革命に発するメシア信仰は、本質において、他者に救済をもたらそうとする。ナポレオンの場合は他のヨーロッパ人民であり、植民地戦争のあいだは他の大陸の住民である。共産主義のユートピア主義のほうは、初期においては、各国の内部に方向づけられる。勝利しなければならない戦争とは、階級間の内戦である。国際的な次元では、一国への他国による服従よりも、内戦の伝播と全面化を推奨する（ソ連の実践はこの点で理論を裏切っている）。つぎに、革命的メシア信仰はその信条を支持することをためらうもろもろの人民を強制し、教育しようとするが、殲滅しようとはしない――それは段階を追った漸進的な計画なのである。こうした目標へとみちびく革命や戦争の犠牲者は、きわめて多数に上りうるが、彼らを死へと追いやることは「副次的な損害」であっても、それ自体が目的なのではない。共産主義のユートピア主義は逆に、敵対者の消滅を要求する――このことは諸国間の戦争の枠組みよりも、内戦の枠組みでのほうが想像しやすい。換言すれば、チェカ〔一九一七年設立のロシア非常委員会の略語〕タイプの恐怖政治の機関と住民のいくつかの階層全体の殲滅の実践は、共産主義の計画それ自体によって可能にされるし、さらには必要とされるのである。

その名において現実を変化させようとするその理想を想像すること、既存の世界を改善するために、この既存の世界を批判することを可能にするような超越性を構想すること――このことはおそらく人類全体に共通の特徴である。このことだけではメシア信仰を産み出すのに十分ではない。メシア信仰をいっそう特殊に特徴づけるのは、改善への傾向が装う形式である。すなわち、人民の生活のすべての面がかかわるということである。制度を変更することだけでは満足せず、人間それ自体を変化させることを熱望するのである。そしてそうするために、ためらわずに軍隊に訴える。要するに、全体主義的な計画を特徴づけるのは、提案される理想であると同時に、この理想を強要するために選択される戦略である。その戦略とは、社会の全面的な統制、住民のいくつかのカテゴリー全体の排除である。

この最後の特徴によって、全体主義的なメシア信仰はその先駆者とも後継者とも根本的に異なっている。それらがすべて同じ母体から誕生したにもかかわらずである。すなわち、啓蒙主義時代に呼び覚まされ、集団的行動のプログラムに変化させられたペラギウスの教えである。全体主義の個々の異本がいかなるものであれ、この徹底した破壊はつねに働いている。ほかの場合には存在しないのである。ソヴィエト連邦における階級としてのクラーク〔ロシアの富農〕、ナチス・ドイツのユダヤ人、毛沢東中国のブルジョワ階級、ポル・ポトの共産主義体制における都市生活者の殲滅については、事情はかくのごとしである。これに付け加えられるのは、住民の残余の部分にのしかかる嫌がらせと苦しみである。これもまた、かつて堪え忍ばれたものとは比べものにならない。それゆえ、明白な共通点も対立点も、等しく記憶に留めることが重要なのである。

同時に、なおいっそう強く、共産主義の計画は、その時代の社会を支配している精神に対立している。社会は過去からやって来た数多くの要素を含んでいる。あるものはアンシャン・レジームの名残である。しかし産業革命と商業の拡大によって促された社会の全体的な方向づけは、自由主義的である。このことが意味するのは、何よりも宗教の位置が日々ますます狭まっていき、その結果、社会は何らかの絶対とのいっさいの関係を失う傾向にあるということである。自由主義は個人的な開花を鼓舞するが、新しい共通の理想を提案することはまったくない――あたかも、テクノロジーの急速な発展と富の蓄積だけで、宗教の消滅を糊塗するのに十分であるかのように。共産主義のメシア信仰はこの空虚になだれ込む。そして今度はみずからが絶対を具現するだろう――これには共産主義的メシア信仰が間近に迫った勝利を予告するという補足的な利点が伴っている。

第二次世界大戦の終結につづく短い期間は、共産主義的メシア信仰はその拡大を続行する。ナチス・ドイツに勝利したという後光に包まれて、ソヴィエト連邦は東欧においてはその帝国を拡張し、西欧においては人気を高め、アジアにおいては同じ理想の名において主導される革命をあおり立てる（中国、朝鮮、ヴェトナム）。そして自分はすべての反植民地運動の支持者であると明確に主張した。一九五三年のスターリンの死から凋落が始まる。国内では、草創期のユートピア精神と、これに付随する狂信は、権力のための権力への熱望によって、出世主義者のシニズムによって、官僚主義と汚職によって退けられる。国外的には、すでに数年前から、合衆国と他のヨーロッパ列強が「冷戦」に身を投ずることによって、帝国の拡大を押しとどめていた。アジアでは、共産主義諸国はソ連の保護から解放されることを選ぶ。つまり、同じ陣営内部で衝突が勃発するのである。東欧では、メシア信仰の希望は共産主義体制の現実を前にして崩壊する。そして徹底的な抑圧を伴った監視のみが、共産主義体制の存続を保証するのである。

私はこの体制下で二〇年間を生きた。私の記憶にもっとも深く刻み込まれたのは、日常生活の千一の不便ではないし、恒常的な監視と自由の欠如でさえない。私はこの体制について何にもまして、つぎの逆説について鋭い意識を保持した。すなわち、この悪全体が善の名において実現されており、崇高なものとして提示された目的によって正当化されていたということである。

第三波——爆弾によって民主主義を押しつける

一九八九年から一九九一年にわたるヨーロッパにおける共産主義帝国の崩壊以降、第三の政治的メシア信仰が確認される——これは近代民主主義に起因する最初のものである。これは多くの点で、これに先行した全体主義的計画に対立するが、第一波——革命戦争と植民地戦争の波——との類似点を保持している。この政治は力でもって民主主義体制と人権を押しつけることに存する——この動きはしかしながら民主主義国それ自体に対して内的な脅威を産み出すのである。

この計画を具現する欧米諸国家はこれを民主主義の成就として提示するのであって、共産主義の計画がそうあろうとしたように、民主主義の諸原則の止揚としてではない。にもかかわらず、ある種の連続性が第二波と第三波のメシア信仰のあいだにも観察することができる。この連続性は、両者の運動の行為者の近しさによってなおいっそう明らかにされる。往々にして、この教育には一世代という時間を要する。かくして、幾人ものアメリカの「新保守主義者」(面食らわせる用語である。というのも、問題なのは保守主義者ではないからである)、すなわち人権の擁護によって正当化される介入のイデオローグは、昔は親共産主義的であり、その間、反スターリン主義(まず最初はトロツキストの、つぎに民主主義のパースペクティヴで)に転向したインテリゲンチャの環境を出自とする。フランスでは、同じ個人が往々にして三つの段階をたどっている。一九六八年以前か直後には共産主義教の信者であり、しばしばその極左的変種の一つに属している彼らは、数年後には、グラーグ〔ソ連の強制収容所制度〕の現実についてのいっそう多量な情報が伝播したあとで、根本的に反共産主義者で反全体主義者と化した(彼らは当時、「ヌーヴォー・フィロゾフ」と呼ばれた)。その後、最近になると、彼らはイラク、アフガニスタン、あるいはリビアにおける「民主主義的」あるいは「人道主義的」な戦争の信奉者としてあらわれるのである。東欧諸国においても、これと同じ連続性が見られる(もちろん、すべての国においてではない)。典型的な行程は、草創期の「理想主義的な」若き共産主義者

（第Ⅰ段階）の行程である。彼らはスローガンの背後に隠された現実に幻滅し、勇敢な反体制者に変化する（第Ⅱ段階）。体制崩壊後は、コソヴォ戦争ではベオグラードにばらまかれた「人道主義的な爆弾」、あるいはイラク戦争やアフガニスタン戦争では欧米擁護の熱烈な支持者になる（第Ⅲ段階）。

この新しい形式のメシア信仰の最初のあらわれは、一九九九年、ユーゴスラヴィアで、ベオグラードの中央権力をコソヴォのアルバニア語を使用する地方に対立させた紛争に、欧米諸国の軍事機関であるＮＡＴＯが介入したことであった。対決が冷戦が終わってから起こったことは偶然ではない。対決を妨げるソヴィエト連邦がもはや存在していなかったからである。介入を開始した欧米諸国は、国連のような国際機関の同意をそれ以上に得しようとはしなかった。いずれにしても、国連は固有の戦力をもたないからである。この介入は、一九九四年のルワンダのジェノサイドのあとであるこの同じ時期に、いくつもの欧米諸国で、とりわけフランスで表明されたあるドクトリンにもとづいて正当化された。「干渉権」である。このドクトリンに同意することは、もしある国で人権に対する違反が行なわれたならば、世界中の他の国は犠牲者を保護し、攻撃者が行動することを防ぐために武力でもってその国に軍事介入する権利を有すると主張することに帰着する。

ユーゴスラヴィアでは、この原則の適用は、このドクトリンに本質的に結びついているいくつもの困難を明らかにした。ある困難は情報の不確実さにかかわっている。対立し合う二つの勢力のそれぞれにとって、自分の犠牲者数をふくらませ、自分自身の攻撃を隠蔽することは得策である（データの操作は共有された誘惑である）。この点で、アメリカの外交とＮＡＴＯの支持を獲得することに成功したアルバニア語を使用する少数派は、多数派のセルビア人よりも有能であった。第二の困難は、原則の必然的に選択的な適用からやって来る。人権への違反は遺憾ながらきわめて数多く、いたるところに干渉することは不可能である。したがって、政治的友人を容赦することに決める。そして私たちの利益に反する政治を遂行する者たちの上に武力を落下させる。このことから、この選択の不偏不党は台無しになる。第三の困難は干渉の形式そのもの、すなわち戦争、およびその不可避的な結果からやって来る。爆撃、国と住民の破壊、無数の苦しみである。一〇人の罪のない人を救うために、他の一〇〇人の罪のない人を殺す権利はあるのだろうか。

私はここでこの最近の歴史のエピソードの細部に踏み込むつもりはない[17]。私が想起したいのはただ、NATOのユーゴスラヴィアへの軍事介入が、驚くべきことに、〔コソヴォ民主〕同盟の軍事的勝利で終わったことである。コソヴォは政治的な独立を獲得したが、完全には法治国家にはならず、マフィア・グループの餌食になっている。アルバニア語住民がその犠牲者であった民族差別は、今ではコソヴォ人の側から少数派のセルビア人に対して行なわれている……。介入の結果、この地域で民主主義が大きく前進したと主張することは難しいだろう。

イラク戦争

「干渉権」という表現は、新しい政治的メシア信仰のつぎのあらわれのあいだには使用されなかった。つまり、合衆国が支配する諸国の同盟によって遂行されたイラク戦争である。イラク戦争は、国連の側の決議をふたたび免れた。二〇〇三年の作戦開始の口実は、その後、まったくのまやかしであることが明らかになったけれども、イラクに「大量破壊兵器」が存在するという仮説であった。にもかかわらず、善の名においてなされる干渉の精神は、そこにれっきとして現前している。その痕跡は合衆国の軍事ドクトリンを説明する文書のなかに見出される。この文書は、侵攻の数か月前、ジョージ・W・ブッシュが大統領であった当時にホワイト＝ハウスによって発表された。『アメリカ合衆国の国家安全保障戦略』と題されていた。

まず最初に、そこにいくつかの中心的価値を特定することができる。「自由、民主主義、自由企業」である。合衆国政府は自分は使命を帯びていると表明する。すなわち、これらの価値を、必要ならば武力によって地球の表面に広めることである。勝利を勝ち取ることによって、合衆国政府は人間の運命を可能な限りよく変化させるだろう。「今日、人類は、自由の敵に対する自由の勝利を保証するチャンスを手中にしている。合衆国はみずからに課せられたこの重要な使命を遂行する責任に誇りを抱いている。」この文書がこのことから引き出す結論は、はっきりしている。「私たちは」と文書は言葉を継ぐ、「民主主義、発展、自由市場、自由貿易の希望を世界中にもたらすために積極的に行動する」。もう一度、高尚な目的がいかなる手段に訴えることをも、とりわけ戦争に訴えることをも正当化するのである。

気高い理想を追求しているけれども、このプログラムはおそろしい。それは政治的メシア信仰の以前の形式、すなわち共産主義的メシア信仰、および植民地計画とよりをもどす。それらは自由、平等、友愛の到来をきらめかせながら、同時に軍事行動に踏み込んだのであった。このプログラムは、善の名においてなされる征服のもっと古い試みをすら思い出させる。これらの試みは、中世の十字軍のような宗教的な正当化を引き合いに出したのであった――そもそも、この十字軍という用語が再使用されたのはこの機会においてであった。こうした行為の主役たちはそのつど、自分たちの大義がすぐれていることを真摯に確信していた。それでもやはり、彼らは血と涙を残余の世界にもたらしたのであった。

なぜ、善を押しつけようとする計画は危険なのだろうか。仮に善の本性を知っているとすれば、同じ理想を共有しないすべての人々に宣戦布告をしなければならないだろう。ところで、同じ理想を共有しない人々は多数に上るおそれがある。二〇世紀初頭にシャルル・ペギーが書いたように、「〈人権宣言〉のうちには、すべての人々が存続している限り、すべての人々に戦争を仕掛けるに十分なものがある」[18]のである！　光輝く未来に到達するためには、無数の犠牲者が必要なのである。しかしこの理想の本性そのものが問題を提起する。私たちが全員同意するためには「自由」というだけで十分だろうか。過去の専制君主たちが決まって自由を標榜していたことを私たちは知らないだろうか。そのうえ、アメリカの大統領文書が数千年紀の人類史を無視して行なっているように、「これらの自由という価値は、いかなる社会においても、いかなる人間にも、正義であり真実である」とわめき立てることは可能だろうか。私たちは本当に、いわゆる鶏小屋のなかのキツネの自由も含めて、無条件にいかなる自由にも賛成するだろうか。そして普遍的な価値のなかに「自由企業」は何をしに入ってくるのだろうか。国家経済を実践しているすべての国に戦争を仕掛けなければならないのだろうか。「民主主義」と民主主義が前提としている人類のすべての構成員の等しき尊厳についていえば、私たちが、他の人民が自分たちでみずからの運命を選択することを妨げるとき、それでもなおこれを実践しているのだろうか。

「自由をその敵に対して」勝利させるという使命が自己に（自己自身によって）与えられていると信じることは、ある特異な世界観を示している。ついでにいえば、この世界観はキリスト教的伝統にも非宗教的なヒューマニズムの伝統にも対応していない。というのは、これらの伝統は、いずれもが人間世界の解決しえない不完全性と、何らかの勝利へと到達することの原則的な不可能性を仮定しているからである。千年王国思想的異端と革命的ユートピアのみが、このような希望を維持したのである。「自由」が「その敵」に対して決定的な勝利をおさめることは決してないだろう。すなわち、自己の自由への欲動を抑えるのは人間それ自体である。そして人間が自由への欲動を抑えることは理にかなっている。この別世界を産み出すためには、まず最初に種を変化させなければならないのである。付け加えなければならないのは、世界に調和に満ちた秩序を創始しようというメシア信仰の野心は、ある時期の終わりに、実践的な結果を伴わないたんなる修辞学的武器として出現したということ、このメシア信仰の野心は、普遍的というよりも国家的な射程をもつけれども、劣らずメシア信仰的なあるヴィジョンによって取って代わられたということである。すなわち、合衆国の意志を地球上の残余の部分に押しつけようというヴィジョンである。

二〇〇三年に開始したイラク占領は、二〇一一年になっても相変わらずつづいている。これはすでに合衆国史上最長の戦争である。その間、一つの独裁政治、サダム・フセインの独裁政治が倒れた――だが、いかなる犠牲を払ってであろうか。犠牲者はきわめて多数に及んだが、両戦争当事国のあいだでの配分は不均衡である。アメリカの側は四五〇〇名が戦死した。イラク側は、正確な数はわからないが、おおよその見当をいえば、四五万の犠牲者という数字を主張できる。つまり、一〇〇対一の割合である（別の計算では数字は二、三倍大きくなる）。イラクはテロリストの攻撃と共同体間のむき出しの緊張の餌食になったままである。外国から攻撃される可能性という推定のみを根拠として決定された予防戦争という概念が、民主主義国の公式の言説のなかに登場したのである(19)。

内的な損害――拷問

アメリカ軍はイラクの刑務所で拷問を一般化することで、占領の管理において自分の評判をひどく危険にさらした。アブ・グレイブ刑務所は、二〇〇四年、拷問されるイラク人の捕虜を写した写真が拡散した結果、世界中で有名になった。しかし他の同じような刑務所はイラク国内にもほかにも存在した。その後の調査によって、拷問の実践が広範囲にわたっており、一貫した性格をもっていることが確証された。かくして、二〇〇九年四月付のアメリカ政府の発表は、ＣＩＡのマニュアルで定式化され、政府の法的責任者によって採用された、信じられないほど細々した拷問の規則を明らかにした。というのも、これが新機軸だからである。拷問はもはや規範に対する、遺憾ながら許容可能な違反として表象されることはない。それは規範そのものなのである。それまでは、拷問の実践は失態と呼ばれるものに属していた。すなわち、時機の緊急性によって引き起こされる限界の意図せざる突破である。わかったのは逆に、これはセンチメートル単位、秒単位の正確さで、ごく微細な細部まで定められた手続きだということである。

かくして、採用された拷問の形式の数は一〇。この数は、ついで一三に上る。これらの形式は三つのカテゴリーに分類される。それぞれのカテゴリーにはいくつもの強度の度合いがある。すなわち、準備（裸にすること、食料品に手を加えること、睡眠を奪うこと）、矯正（殴打すること）、強制（水をかけること、箱に閉じこめること、浴槽の拷問）である。平手打ちについては、尋問者は、顎の先端と耳たぶの下部の距離に等しく指を広げて叩かなければならない。裸の捕虜に水をかけることについては、水が五度の場合は二〇分つづけることができる。一〇度ならば四〇分、一五度ならば六〇分までである。睡眠を奪うことは、一二四時間を超えてはならない。だが八時間の休息ののち再開することができる。浴槽に沈めることは、連続三〇日間、一二秒まで、一日二時間を超えてはならない（とりわけ強情なある捕虜は、二〇〇三年三月、一八三回この拷問を受けた）。小さな箱に閉じこめることについては、二時間を超えてはならない。だが捕虜が立ったままでいられる箱ならば、連続八時間、一日一八時間まで続行することができる。箱に昆虫を入れるならば、刺されればとても痛いとか、さらに命にかかわるとか捕虜に言ってはならない。以下同様、何ページにもわたっている……。

伝染は限られた拷問執行者の枠を超えて広まっていく。他のいくつものプロ集団が拷問の実践に組み込まれるのである。政府の法律顧問がいるのは、自分たちの同僚が法的に処罰されないことを保証し、彼らの行為を正当化することを目的としている。心理学者、精神科医、医者、女性（拷問執行者は男だが、女性の眼差しの下で品位を汚されることは、屈辱をさらにひどくする）が常時、待機している。この間、大学教授たちは道徳的、法律的、または哲学的に拷問を正当化する。拷問は拷問される者の肉体に消しがたい痕跡を残すが、同時に拷問執行者の精神を腐敗させる。しだいに、社会全体が徐々に進行するこのガン——各民主主義国の市民を相互に結びつける根本的な契約、すなわち国家は正義の保証であり、すべての人間に対する尊敬の保証だとする契約に対するこの毀損——に冒される。拷問を合法化する国家は、もはや民主主義国ではない。

いかなる国の法律とも、また同情のような広く共有された人間的感情とも逆行するように思われるこうした実践は、戦時には平和時よりも受け入れさせることが容易である。というのも、戦争はつねにある種の法的・道徳的規範を中断させるからである。自分の同類を殺害するというこのうえなく断罪すべき行為も、ひとたび「敵の排除」と名づけ直されれば、もっとも価値ある行為となる。戦争という状況は他の観点からも決定的な影響を及ぼす。戦時には、部下は上官に対して絶対服従の義務があることが普遍的に認められている。死の危険に直面し、すぐそばで爆弾が爆発しているとき、議論や回りくどい言い方をしている暇はない。自由な発意を崇拝している国においてさえ、戦争の状況によって受け取った命令によく考えもせずに服従することを余儀なくされる。「テロに対する戦争」という考えが、いかに好ましからざる影響を及ぼしうるかがわかる。

何人もの分析家が、戦争を開始し、軍隊を率いた国家元首——アメリカ大統領ジョージ・W・ブッシュと英国首相トニー・ブレア——のうちにヒュブリス〔傲慢〕、または行き過ぎ《デムジュール》の増大を指摘した[20]。しかし個人的なケースの先まで行かなければならない。ヒュブリスに襲われるのは、これらの個人だけではない。もはやいかなる外的なブレーキに出会うこともなく、指導者たちにこの行き過ぎを伝染させるのは、国家そのものであり、その行き過ぎの行き着く先に出現するのが拷問なのである。イラク作戦のこれらの責任者のいずれも、この戦争に踏み込んだことに対してわずかの後悔の念も表明しなかったことを付け加えておこう。外見上は、彼らはつねに世界に大惨事を免れさせたと確信しているのである。

介入の理由として欧米諸国によって振りかざされた民主主義的価値観は、他の諸国の住民には、恥ずべき意図の便利なカムフラージュとして認識された。完璧さを熱望するメシア信仰的な跳躍の結果であるこれらの価値の漸進的衰退は、戦争状態の外部にも見出されうる。私たちの健康に対するいっさいのリスクを逃れんとする欲望は、予防的な公衆衛生のユートピア主義へとみちびくことがある。いっさいの社会的リスクを退けんとする欲望は、潜在的な混乱のすべての先導者を排除する政治へとみちびく可能性がある。私たちの民主主義にのしかかっているもっとも強力な脅威の一つは、とセルジュ・ポルテッリ判事は書いている、「絶対的安全の社会、つまり寛容ゼロ、根本的な予防、予防的な拘禁、外国人の無条件な不信、あらゆる領域に及ぶ監視と統制の社会という脅威である」[21]。かくして、私たちは私たち自身の敵、最悪の敵の一つと化すのである。

アフガニスタン戦争

アメリカ軍とその同盟国によるアフガニスタンの占領は、アフガニスタンに後方基地をもつテロリストたちによって遂行された二〇〇一年九月一一日のテロの結果である。この攻撃の結果、アメリカ軍に支援されたアフガニスタン軍が介入して、アルカイダの兵士を殺害し、彼らを保護していたタリバンを追放した。このテロ攻撃によってかき立てられた感情は、この介入を正当防衛の行為と見なすことを可能とした。しかしながら、アメリカ軍は、自分たちがしていることの結果がどうなるかを深く考えることもなく、同盟国の兵士たちに援助されて、アフガニスタンに居座った。自分たちが設立に一役買った政府を支援し、新しいテロリストが出現しないように気を配るためである。この最後の目標は政治的メシア信仰の論理のなかに組み込まれる。すなわち、アフガニスタンを、人権を尊重する民主主義国に変化させようとするのである。ところで、このときから、占領軍の存在は、それ以前に期待されていたものとは逆の結果を産み出す。すなわち、占領軍が兵員を補強すればするほど、ますます彼らは満場一致の反対をこうむるのである。言い換えれば、合衆国によってアフガニスタンへの介入に付与された目的（合衆国自体の安全を保障すること）は、選択された手段（外国の占領）によって達成されることはないということである。実際に生じるのは、まったく逆のことである。

これら二つのレベルの不十分さをもっと間近から見てみよう。現地では、アメリカ人兵士と現地人兵士は、自分たちがそのもくろみを遂行するのを妨げている人々によって攻撃される。どんな街道にも地雷が仕掛けられ、どの灌木のうしろにも敵が潜んでいるかもしれない、よく知らない土地のこの敵対的な環境のなかでは、占領者は爆撃でもって反撃する。死ぬリスクを回避するために、彼らは無実の人を殺すリスクを受け入れる。というのも、追跡されている戦闘員のすぐそばには、つねに一般市民がいるからである。結果とは、敵の数が絶えず増加していくということである。「反乱者を殺害することだけでとどめることは、私たちの敵を減らすよりも増やすことに役立つ」と、マイケル・T・フリン将軍は二〇一〇年に、状況を改善することを目的とした報告書のなかで書いている。[22]殺された人ひとりの代わりに、他の四人がやって来る。従兄弟たち、友人たち、あるいは隣人たちである。

つまり、将軍はこの実践を断罪しているのである――人間性の名においてではなく、効率の名においてである。他方では、言語表現の容易さから、欧米のジャーナリズムは占領に反対する者をすべて「タリバン」と呼ぶ。実際に問題なのは、種々雑多な構成の全体であって、そこには宗教的なタリバン、地方の戦争指導者、あらゆる種類の密売人、ケシの生産者と販売人、つまり欧米流の民主主義のなかで特権を失うリスクのある保守主義者たちが混ざり合っている。あらゆる反乱者の一体性は、共通の敵、つまり外国の占領軍の存在にある。

欧米の公衆は、占領の宣言された目標を考慮する。すなわち、民主主義への支援、人権擁護、犯人たるテロリストの排斥である。アフガニスタンの人々のほうは実体験した現実を記憶にとどめる。無差別爆撃、留置・拷問センター（たとえば、アブ・グレイブ刑務所の原型であるバグラム空軍基地）、買収された指導者に対する庇護である。アフガニスタンの人々が占領者に対して好意的な感情を育むことがないとしても驚くべきことがあるだろうか。幾多の例のうちの一つ。二〇〇八年八月、フランスの派遣部隊が罠に落ちた。その結果、一〇名の兵士が命を落とした。こうした作戦は地元の人々に知られずに企てることはできない。ところが、フランス人に危険を知らせる人は誰もいなかった。反フランスの罠ののち、空爆が九二人の一般市民の死を引き起こす。大半が子供である。これらの死者に責任のある占領者は、いかにして土地の人々に愛され護られることを期待できるだろうか。

占領軍の存在は無効であるばかりではない。それは欧米人の安全にとって有害である。欧米人にとっておもな脅威はアフガニスタンの武装した農民に起因するのではなく、アフガニスタンの外部にいて、政治的、宗教的、あるいは文化的な理由で、アフガニスタンの人々に連帯を感じているすべての人々からやって来る。今日のテロリストは非合法の中央組織からの命令を実行するわけではない。自分が身近に感じている人々の屈辱を敏感に感知するテロリストは、自分なりのやり方で彼らのために身を投ずる。すべてのテロ行動の命令がそこから発せられるようなアルカイダの決定機関を排除しようとすることは、幻想に属するか、新規の状況に時代後れの図式を適用することに属するか、である。アフガニスタン（または他国）の山岳地帯は、冷戦時代におけるモスクワのKGBの本拠に匹敵する役割を演じているわけではない。今日的なコンテクストは、テクノロジーの進化とグローバリゼーションの刻印を受けて、異なったものになっている。欧米では、イスラム教がヨーロッパ諸国や北米諸国にいかに危険であるかが大いに話題になっている。反対に、見えるのは、イスラム諸国を占領し、そこに軍事的に介入する欧米の軍隊である。この事実は欧米の敵のプロパガンダによって大いに利用される。今日では、このプロパガンダはインターネットによって広められ、広範な公衆に直接に訴えかけるのである。

テロリズムと効果的に戦うために、欧米人は二つの手段を有している。いずれも軍事的な手段ではない。警察的（情報を得ること、監視すること、金融の流通経路を統制すること）、あるいは政治的（擁護される価値観は占領のたんなる口実だとする非難に手がかりを与えないこと）な手段である。今日、アフガニスタンの占領は、攻撃に対する治療薬である代わりにその原因となっている。同時に、この軍隊投入の費用はきわめて高くつくために、とりわけこの経済金融危機の時代にあって西欧諸国の人々にはショッキングであるはずである。そうでないとすれば、かくも莫大な金額が想像力に訴えることをやめたということである。新しい合衆国大統領バラク・オバマが権力の座に就く以前に、アフガニスタン戦争の費用はすでに一兆ドルに達していた。以来、この戦争は週に一〇億ドルをむさぼり尽くす。二〇一〇年の増兵は三〇〇億ドルの追加に相当した。同盟国もまた貢献を迫られる。この戦争はフランスには一日一〇万ユーロにあたいする。これが本当にこの金額の最善の使い方なのだろうか。

傲慢と権力の誘惑

アメリカによるアフガニスタンへの軍隊投入に反対する論拠は、すでにさまざまな解説者によって表明されたが、ブッシュ大統領が開始したようなイラク戦争の公然たる反対者であるオバマがこれらの論拠を知らないでいることはできない。同様に、この介入を「正義の戦争」と同一視することの危うさも彼は知らぬはずはない。二〇〇九年一二月、ノーベル平和賞受賞のために赴いたオスロでの演説で、オバマは合衆国がアフガニスタンで推し進めているのは「正義の戦争」だと宣言し、戦争がそのように宣言されうるために、いずれもが必要である三つの条件を列挙している。「正当防衛のケース。使用される戦力が釣り合っていること。非戦闘員に損害を与えないこと」である。ところで、現在の状況では、三つの条件は、そのいずれもが満たされていない。アフガニスタンでもそれ以外の国でも、地方の戦争指導者や宗教的な戦闘員が合衆国の安全保障を脅かすと真面目に信じる人は誰もいない。アルカイダの五〇〇人の戦闘員を前にして一〇万人の軍隊が「釣り合っている」とは誰も考えない。それに、空爆が膨大な市民の死者を産み出すことは誰も否定できない。だがそうなら、どうして、望まれる目的へとみちびくことのないこの道に何としてでも固執しようとするのだろうか。

合理的な唯一の答えは、追求されている目的は、表明された目的ではないということである。同じ演説にオバマが滑り込ませた数行のなかに、前者、追求されている目的の概念を見ることができる。合衆国には「重荷」を担う責務があると彼は主張する――キプリング〔一八六五 - 一九三六。英国の詩人・小説家。「白人の責務」という詩が英国の植民地主義を正当化した〕におけるように白人としての重荷ではなく、「世界の安全を保障する」という特別な使命を帯びた人民のそれである。すなわち、人類に憲兵として役立ち、世界中で自由の地位向上に一役買うことである。これがアメリカ人民の「見識ある関心」であろう。イラク戦争へとみちびいた政治的なメシア信仰は、したがってつねに生きている。ところで、この政治的なメシア信仰は集団的な確信に根拠を置いているが、この集団的な確信は、宗教的な起源をもたぬとしても、神的な戒律と同じ絶対の性格を有し、合理的な論証を免れているように見える。言い換えれば、こうした使命の起源とは何でありうるのだろうか。

同じ精神でもって、オバマは「自衛を超えた、または攻撃者に対する一国家の防衛を超えた」戦争、たとえば住民を住民自身の政府から護ったり、内戦を停止させるための戦争の有用性を公然と想定する。要するに、「戦力の使用が正当化されるのは人道主義的な理由によってであろう」。このような介入は――と彼は明確に述べている――予防的な仕方で推し進められうる。まさしくこの点で、アメリカの政治は、自衛の権利という普遍的な原則から、この国をして人類を救済する責任があると信じさせるメシア信仰へと大きく変化するのである。オバマは「世界には悪が存在する」と私たちに保証することは必要だと考える。確かにそのとおりである。しかし強調すべきなのはむしろ、善の誘惑（このことを彼自身は「傲慢と権力の誘惑」と呼んでいる）のほうが「悪の誘惑」よりも限りなく大きな損害をもたらしたことではないだろうか。やむなく力でもって善を強要するとすれば、それはオバマが同時に援用している原則を放棄したということである。すなわち、すべての人民は同じ根本的な欲求によって動かされている。つまり、同じ尊敬にあたいするということである。だが今や、一方が他方のために決定するのである。最後に、「正義の戦争」という概念が慎重さを呼び起こすとすれば、「人道的な戦争」の概念は完全にオーウェルを、『一九八四年』における〈党〉のスローガンを思わせる。

この戦争を推し進めることは、外見上はアメリカ国民の利益のなかで判断されている。というのも、アメリカ国民はみずからの軍事的優位を証明し、例証しているからである（周知のように、軍事的優位は異論の余地がない。合衆国はその代価を支払うことを受け入れる。この国の軍事予算、年六〇〇億ドルは、世界中のほかの国の軍事予算の合計と等しい）。権力への熱望は、権力それ自体を超えた正当化を必要としない。一時的には、ほかの理由も存在しうる（たとえば、石油供給を戦略的に確保すること）。しかし全体とすれば権力は権力のために追求される。体面を失うのを回避することは、この観点からすれば本質的である。ところで、アフガニスタンへの配備が正当化されないと認めることとは、悪影響を産み出さざるをえない。だからオバマは現在の過失を過去の過失でもって正当化することを選ぶのである。

リビア戦争――決定

地球上の他の諸国に善をもたらすことを目的とした西側の介入のうち、日付のうえでもっとも最近のものは、リビア戦争であった。これは二〇一一年三月に開始され、同年八月に勝利をもって終結にいたった。この戦争と、これより前にイラクやアフガニスタンで行なわれた戦争との明らかな違いは、今回は、介入を認可する国連安全保障理事会の決議が存在したことである。それ以前のケースではなかったことである。さらに、この決議は「保護する責任」という表現によって要約される今までにない原則によって正当化された。しかし、見かけにもかかわらず、また自由、民主主義、人権、人民の尊重という気高い諸原則に華々しく準拠しているにもかかわらず、状況はそれほど異なっていない。はじめにこれら二つの刷新を検討してみよう。

「保護する責任」はある確認事項から生まれたコンセプトである。ルワンダのジェノサイドの際の国連の恐るべき無力の確認である。私はその機会に、緊急の状況に軍事的に介入することを可能にする「干渉権」をよりどころにすることを想起させた。しかしこの「干渉権」という表現は、世界の残余の部分に信頼を抱かせることにはならなかった。世界の問題が取るべき流れを列強がおたがいのあいだで決定していた前の時代を、あまりにも思い出させたからである。「保護する責任」はもっと慎重な表現であるように思われた。そしてその原則が採用されたのは二〇〇五年の国連総会の投票によってであった。その秘められた考えとは、ある政府にその非戦闘員を保護する能力または意志が欠けているならば、国連はその政府に同意を求めることなくその国に介入する権利を有するということであった。カダフィ大佐が自分の辞任を要求する人々に対して血の弾圧を命じたがゆえに、保護の原則が適用できるように思われた。

しかし実際には、決定の意味がかならずしも明確ではない。まず第一に、この表現がそれ自体、きわめて漠然としているからである。最小の意味で、人道的援助の導入として理解しなければならないのだろうか。それとも、この援助が軍事力によって保護されなければならないことを認めなければならないのだろうか。それとも、最大の解釈で、この状況に対して責任があると見なされた政府を転覆させること、および介入者によって好ましいと判断される別の政府によって置き換えることなのだろうか。これらの問いに対して与えられる答えによって、むろんきわめて異なった状況に到達する。そしてこの「保護」がもはやたんなる人道的な援助ではなく、他の国家への軍事介入を前提とする瞬間より、それがいかなる点で、前に振りかざされた「干渉権」と異なるのかわからなくなる。

しかも、この「責任」の解釈と適用は国連安保理事会にゆだねられている。周知のように、その常任理事国（合衆国、ロシア、中国、英国、フランス）は拒否権を有している。この拒否権という規則の特殊性は同時に、安保理事会、および安保理事会が保証すると見なされる国際秩序の原罪である。この権利を恣《ほしいまま》にすることによって、安保理事会の常任理事国は、彼らが実現すると見なされている法の上位に一気に位置づけられる。彼らも、彼らが保護することにした諸国も、断罪されえないのだ！　つまり問題の正義とは高度に選別的なのである。このことは、なぜ、非戦闘員の明らかな苦痛にもかかわらず、ある程度の介入もけっして行なわれないのかを理解することを可能にする。ロシアにおけるチェチェン人、中国におけるチベット人、スンニ派の国におけるシーア派（また逆）、イスラエルに占領された領地におけるパレスティナ人……のことを考えるだけで十分である。リビアへの介入が決定されていたとき、安保理事会の委員国は、反逆する群衆に対して現行の権力を護ることを目的とする、近隣諸国におけるサウジアラビアのきわめて異なった干渉を後押ししていた。あるいは、地域的均衡の必要性を引き合いに出しつつ、シリアが自国民に行使している似たような弾圧ゆえに、シリアを譴責するだけで満足していた。

もっと悪いことがある。常任理事国は、コソヴォまたはイラクで行なったように、国連の認可なしに望むところに介入することを決定できるのである。おわかりのように、このことはいかなる公式の制裁も引き起こさない。安全保障理事会によって具現される国際秩序が是認するのは、力の支配であって法の支配ではない。往々にして、このことから誇りを引き出すためにいわれるのは、この新世界秩序は国家主権という神聖不可侵のウェストファリア的概念、「わが家での主人たる炭焼き」〔誰でもがわが家では一国一城の主〕の原則に終止符を打つということである。「わが家での炭焼き」――言い換えれば、各政府は自国では自分が欲することを行なう、何が善で何が悪かを決定するのは各政府だ、ということである。間違いなく不完全なこの秩序は、しかしながらなおいっそう昔のある原則でもって置き換えられる。その原則によれば、力が法をなし、この世界の強者がもっとも弱い者に対して自分たちの意志を押しつけることができる。つまり、「いたるところで主人たる同じ炭焼き」なのだ！

国家主権の原則を普遍的統治の原則に服従させることは、それ自体で不平等を樹立する行為である。というのも、今や世界は二つのグループの国家に分割されるからである。すなわち、自国においても他国においても自分が望むことを行なうことができる諸国家（安全保障理事会の常任理事国。それらの国は拒否権を恣にしている)、および知的障害者や低年齢の子供のように、それらの国家の監督下に置かれており、規則に対するいかなる違反も罰せられる諸国家である。まさしくそういうわけで、国家どうしの生き方は、その歴史上のほかの時代には、異なった原則を引き合いに出すことを好んでいたのだった。すなわち、もはや同じ善をすべての国に課すのではなく、理想の多元性と諸国の主権を受容することである。しかも、これが諸国間の平等という理念と両立しうる唯一の原則である。それらの国を二つのカテゴリー、すなわち自分自身で自分を統治するにふさわしい国と、植民地時代のように他者によって統治されるべき国へと分類することとは、対立する理念である。今日、新聞が「リビアの運命はロンドンとパリのあいだで決められる」と題するのを見るとき、一三〇年をさかのぼって、植民地強大国である英国とフランスが実質上、アフリカとアジアを支配しており、自分たちの監督下に置かれた国の統治者を選んでいた時代に舞い戻ったような気がするだろう。

リビア戦争――死刑執行

住民を保護するための爆弾が投下されるより前にも、介入にイニシアティヴを取った諸国においては、メディアによる政治的言説がこの介入の最初の犠牲者となった。正確さとニュアンスへの配慮は忘れ去られ、善悪二元論的な図式、対句的な大げさな表現、いい加減な同類扱い、凱旋への賛歌に場を譲った。敵のリーダーはもはや罵倒によってしか指示されなかった。彼は「狡猾なベドウィン」として の起源に送り返されるのでなければ、精神錯乱者、狂人、血を好む腹黒い暴君となった。彼を前にすると、見出されるのは自由をもたらす白い騎士、普遍的な価値を擁護する非の打ち所のない兵士のみであった。愛国的なたわごとは引きも切らなかった。すなわち、フランスはこの戦争における自己の役割から正当な誇りを引き出すべきだった、というものである。フランスはいちばん最初に参加することによって大きな成功を博した。フランスは自分の名誉を守った。戦争は申し分なかった。勝利した戦闘は伝説に入るべきであった。婉曲語法が猖獗を極めていた。後悔なく殺さなければならない、とは言わなかった。そうではなく、「自分の責任を負わなければならない」である。死体の数を減らさなければならないとも言わなかった。「過度の損害なく」取りかからなければならない、と言った。根拠の乏しい比較が戦争開始を正当化した。すなわち、介入しないことは、一九三七年にスペインで、一九三八年にミュンヘンで、一九九四年にルワンダで犯した過ちをくり返すことになっただろう……。蜂起した人々への武器のパラシュート投下は、サルコジ大統領に、第二次世界大戦中に英国の航空兵がフランスにおける対独レジスタンス運動員に放ったパラシュート投下を思い出させた。

この満足しきったレトリックを無視するとき、少し異なった現実が見えてくる。当初引き合いに出された目標は、ベンガジの町を血の海にするおそれのある、カダフィの軍隊という万力を緩めることであった。この目標はそれ自体で合法的と判断されうるが、最初の日に達成された。異論の余地がないことをすぐに認めなければならなかった。すなわち、この戦争に参加した外国の諸国家の現実の目標は、非戦闘員のたんなる保護ではなかったということである。あるいは、この保護は極端に広い意味で解釈しなければならなかった。作戦の目的は現職の国家元首を解任し、欧米に対してもっと好意的な、あるいはもっと従順な別の国家元首で置き換えることであった。安全保障理事会の決議は二月一七日にさかのぼる。介入は三月一九日に開始する。二月二四日、フランスの国防大臣アラン・ジュペは、カダフィは権力から去らなければならないと宣言する。翌日、フランス大統領はこの選択を確証する。少し経って、新しい国防大臣であるジェラール・ロンゲは、二つの目標を一体化する必要を説明する。「住民の保護は連鎖全体を撃つことを前提としていた。」

介入の目的は実際に停戦を押しつけることでは決してなかった。というのも、要求はこの点では一方的だったからである。体制支持者に攻撃を中断するように要求したが、反乱者に武器を置くようには要求しなかったのである。そのうえ、反乱者は停戦の考えに敵対的であった。反乱者はNATOが彼らの敵対者を破壊するか追放するまで戦闘がつづけられることを好んでいたからである。このことによって、NATOの爆撃が集中したのが、体制支持者が包囲している諸都市の周囲ではなく首都トリポリであったことが説明される。公式には、カダフィの殺害は目標には属していなかった。しかし同盟はカダフィがいるおそれのあるすべての場所を熱心に爆撃した。司令、統制、兵站などのセンターである。彼が殺されるとしても、それは意図的なものではないだろう……。

実際には、当初の状況、すなわち平和にデモに参加していた群衆が体制側の戦力に容赦なく弾圧されたという状況は、それぞれ、この国家を形成するさまざまな部族によって支えられたカダフィの信奉者と敵対者、体制支持者と反乱者のあいだの内戦へとたちまち変化した。つまり、NATOはこの内戦の両過激集団の一方のために役立ったのである。この観点からすれば、状況は一九九九年のコソヴォのそれに似ていた。そのときNATOは、アルバニア語を話す反乱者グループであるUCK〔コソヴァ解放軍」に代わって反セルビア権力の戦争を推し進めていた。リビア戦争によって、暫定国民評議会（CNT）の議長であるムスタファー・アブドルジャリールの見積もりによれば、約二万名の死者が生じた。この数字は一〇月には三万人に増加する。NATOの爆撃による犠牲者もその一部をなしているが、その規模がどれほどのものなのかはわからない。ここでは国際刑事裁判所によって提案された、意図的にねらわれた犠牲者（カダフィの犠牲者）と意図せずに発生した犠牲者（NATOのそれ）のあいだのまことしやかな区別は採り上げないことにしよう。爆弾は破壊し殺すために作られるからである。ただ敵の犠牲者の数は戦闘のあいだは見積もることができない。「付随的な損害」のうちで言及しなければならないのは、戦争状態にある国を逃れた難民である。彼らは隣接するヨーロッパが諸手を挙げて迎えてくれると思って、その場しのぎのボートに詰め込まれる。リビア海岸の沖合で溺死した死者数は少なくとも一二〇〇名と見積もられている。

NATOの投入は戦闘の結末にとって決定的であった。紛争の当初、体制支持者の武装は反乱者よりもすぐれていた。したがって、彼らはいくつかの地域で勝利をおさめた。しかしながら、たちまち戦力の非対称はNATOと体制支持者のあいだで移動した。一方の大砲は他方の鉄砲を破壊した。同じく、一方のミサイルは他方の大砲を容易に全滅させた。この戦力の不均衡ゆえに、対決の軍事的結末は疑いを入れなかった。唯一の未知の要素は、戦闘がいつまでつづくかということであった。活動は空域を支配することから始まった（敵対する飛行機の破壊、および対空防衛の破壊）。三月三一日に作戦指揮を執ったのはNATOだったが、NATOだけで二万二六二回の空軍の出撃を行なった。うち七六三五回は相手に損害をもたらした。NATOは一六隻の戦艦に助けを借りて制海権を確保した。標的を定めた侵入によって、体制支持者の石油供給を中断させた。また反乱者に武器を供与した。トリポリの奪取が可能となったのは、反乱者とNATOの緊密な協力によってである。NATOは三日で町の四二の標的を爆撃した。そのなかにはカダフィの住居兼要塞も含まれていた。これにプラスされるのが、無人機による打撃と地上における「技術者」の存在である。二〇一一年一〇月、カダフィの捕縛とリンチを可能としたのは、フランスの航空機である。驚くこともないが、爆撃が勝ちをおさめ、私たちは勝利したのである！

介入の目標における曖昧さは、数多くの疑問と抵抗を呼び起こしたが、これらの疑問や抵抗は、終わりが近づくにつれて、ますます大きくなっていった。介入にたいしてアフリカ連合諸国はただちに非難を表明した。BRICS諸国（ブラジル、ロシア、インド、中国、南アフリカ）によっても徐々に非難されることになった。安全保障理事会での投票の際に棄権していたこれらの国は、それだけで世界の人口の大多数をなしていた。これらの国は、NATOの軍事行動は採択された決議が認可する範囲を超えていると判断した。介入は「住民を保護する代わりに」と南アフリカ大統領ジェイコブ・ズマの側は宣言した、「反乱グループに前進することを可能にした」。ヨーロッパそれ自体では、介入は大多数の賛同を獲得することはなかった。ただイタリア、デンマーク、ノルウェー、ベルギーのみが、介入を推し進めている国、つまり英国とフランスに加わった。

欧米はカダフィの信奉者を「外国人傭兵」とか「服従した住民」と呼び、カダフィの敵対者を「人民」と呼ぶことにした。そしてこの後者を選択した。西欧はカダフィの敵対者に「民主主義者」のような形容語を与えた。しかしこの語を正当化するものは何もなかった。今日、私たちが知っているところによれば、カダフィに敵対する戦力はきわめて雑多な要素から構成されていた。それらの戦力にはは民主主義思想の擁護者がいたが、同時にイスラム原理主義者とアルカイダの戦闘員、カダフィ体制の元指導者と、西欧に亡命し、政治的または実業的サークルと堅固な絆を確立したリビア人もいた。いくつかの例を取り上げれば、CNT〔暫定国民評議会〕の議長アブドルジャリールは、長年、トリポリの控訴院の首席を勤めた。この資格で、彼はリビアにエイズを広めたかどで起訴されたブルガリア人の女性看護師の死刑判決を二度にわたって維持した。彼の申し分のない働きへの報酬として、カダフィは彼を法務大臣に任命した。彼は二〇一一年二月に脱退するまでこのポストにとどまった。

反逆者の軍事力は、しばらくはアブドルファター・ユーネス将軍によって指揮されていた。将軍は一九六九年から二〇一一年までカダフィの軍事上の仲間であり、かつての内務大臣であって、数十年にわたって弾圧を任務としていた特殊部隊のリーダーであった。彼は二〇一一年七月末に謎めいた状況で殺されたが、おそらくはかつてのイスラム原理主義者によってである。以前、彼はイスラム原理主義者を組織的に追跡することを任務としていたのである。トリポリの新しい軍管区司令官はアブドルハキム・ベルハジである。アルカイダの元メンバーで、アフガニスタンの戦士であった彼は、CIAによって逮捕され、拷問され、その後、リビアの牢番に引き渡された。反乱者の偉大な保護者であるカタールの首長は、とくにその民主主義への熱望でもって評判の高い人ではない。CNTの「首相」マフムード・ジブリール、およびその「ムッシュー石油」アリー・タルフーニについていえば、彼らは合衆国で長期間学び、働いていたことが、とりわけ知られている。欧米諸国の「民主主義的な」言説全体は、リビア的コンテクストのなかでいくぶん位置をずらされていないだろうか。この国は一度も選挙を行なったことがなく、政党も、「市民社会」と呼ばれるものの等価物ももたないのである。

理想主義者と現実主義者

欧米諸国が戦争当事者の一方を犠牲にして他方を選択した事実を説明するには「民主主義的な」論拠だけでは不十分であることを確認したからには、当初の反逆のなかに、軍事クーデタ、その扇動者が欧米に対して市場を提供した軍事クーデターを見ることによって、いっそう真実に近づくのではないだろうか。すなわち、NATO軍はカダフィを排除して扇動者に権力を奪取させ、その見返りに扇動者は自分たちの恩人に対して自国の埋蔵石油に自由に接近できるようにする、ということである……。隣接するアラブ諸国における動乱において、転覆させられた独裁者よりもさらに欧米に好意的でない指導者が権力の座に就くおそれがある時期に、忠実な支持者をトリポリにもつことは、きわめて有益であることが明らかになる可能性があるだけに、ますますこの戦略は真実らしく見える。

この仮説はトリポリ陥落後の日々に確証のようなものを受け取った。ジャーナリズムが、何か月も前にさかのぼるCNT〔暫定国民評議会〕の書簡を公表した。CNTは「われわれの評議会への全面的かつ永続的な支援」の報酬として石油生産量の三五パーセントをフランスに割り当てることを約束していたのである。CNTの指導者は書簡を自分たちのものとは認めなかったが、その表現は確認してみる価値がある。かくして、アブドルジャリールは八月二五日に、「われわれはわれわれを助けてくれた諸国を優遇すると約束する。われわれはわれわれにもたらした支援に応じて、それらの諸国を処遇する」。ジュペが、彼は今では外務大臣であるが、このメッセージを記録した。「このことは私には十分に論理的で公正であると思われる」と彼は受諾した。同じとき、このフランスの国防大臣は、フランスはカダフィ軍に対する空爆の三五パーセントに責任があると指摘した。数字の奇妙な一致である。この関係が確認されれば、人道主義的な大義（血の海を妨げること）は一種のトロイの木馬、すなわち軍事的に介入し、豊かなエネルギー資源を有する一国家の政治的な方向性を管理するための格好の口実であったということができるだろう。

よく似た状況では軍事介入が行なわれないのに、なぜこの軍事介入が行なわれたのか、それを説明するさまざまな理由が存在するのには間違いない。なぜリビアであって、シリア、バーレーン、イエーメンではないのか。これらの理由は、介入する国家の指導者が遭遇している困難、彼らのキャリア上のこれこれの時機、あるいはまたこれらの国家の政治的・経済的な利害に結びつくことができる。フランスは長いあいだ、隣り合った国であるチュニジアとエジプトで定着していた独裁を支持しつづけてきた。リビアで反乱者の肩を持つことによって、フランスは歴史の進む方向に身を置くことを期待できた。フランスは同時に、その武器の性能のよさのデモンストレーションをした。このことは将来の交渉でフランスを強い立場に置くのである。しかしこれらの一時的な正当化を超えて、共通の枠組みも維持されている。

合衆国大統領オバマは二〇一一年三月二八日の演説で、介入に全面的な正当性を付与したが、これは彼が以前、アフガニスタン戦争に与えていた正当性付与とかなり似ている。リビアは合衆国の安全保障の対象ではないことをよく自覚している彼は（これは自衛の戦争ではない）、世界の秩序維持において自国に課せられている例外的な役割を引き合いに出した。合衆国は「グローバルな安全保障の保証国であり人間の自由の擁護者」である。合衆国は残余の世界に対して指導者の責任を有している。したがって合衆国は、世界の片隅で、自然災害が起きるたびに、だが同時に「ジェノサイドを防止し、地域の安全を保障し、貿易の自由を維持する」（ご覧のように、合衆国の経済的利益はG・W・ブッシュが忘れなかったように、オバマも忘れていない）ためにも、介入しなければならないのだ。この使命の性格は今回は明確になっている。すなわち、それは神から来るのでもなく、コンセンサスの結果でもない。それはたんに「世界最強の国家としての」合衆国のステイタスに由来するのである。ここに、力がいかに権利の色彩でもって飾られているかを見ることができる！　オバマはこの理論を特殊ケースに適用して結論する。カダフィは権力を放棄しなければならない。

リビアへの介入は欧米民主主義国に馴染みのメシア思想的な図式を確証する。テクノロジー的、経済的、軍事的な成功ゆえに、欧米民主主義国は地球上の他の諸国に対する自分たちの道徳的・政治的優越性を確信している。つまり、自分たちの軍事力が世界全体（安全保障理事会の他の常任理事国とその保護国を除く）の問題を管理する権利または義務を自分たちに付与し、点数の悪い国に対して、自分たちが優れていると判断する価値観を押しつける、実際には、適切な政治を推し進める能力があると見なされた政府を押しつけるのである。リビアで開始された同盟の中心となった英国とフランスの場合は、もう少し特殊である。この二国は、一〇〇年前、二〇〇年前には植民地保有大国であった。今日では、自分たちよりも強い国の意志を斟酌しなければならない中程度の大国と化した。ところで、ここに自分たちの軍事的能力を示し、自分たちがふたたび世界の諸問題を管理しているという印象を享受するチャンスが与えられるのだ。両国はこのチャンスを喜んで利用する。獲得した結果に鼓舞されて、フランス大統領はすでにつぎの標的を指定した。二〇一一年八月三一日、彼はイランの核施設に対する「予防攻撃」を警告した。つまり、G・W・ブッシュによって主張された予防戦争の概念を自分の責任で引き受けたのである。

しかし、リビア危機に別の結末、しかもアフリカの他の諸国から望まれていた結末を想像することもできた――だがこれらの諸国の意見は取るに足りないものと見なされていた。体制側の空軍を破壊し、反乱者の手中にあった都市へと前進することを阻止した最初の介入のあとでは、すべての戦争当事者に停戦を押しつけることは可能だった。その後であれば、政治的な折衝は、とくにアフリカ連合の庇護を受けて開始されえただろう。カダフィの辞職はこうした条件で交渉されえただろう。いかなる一致も見出されなければ、リビアの連邦への変化、さらには分割が不可避となっただろう。確かに一時的で不完全な解決策である。だが力ずくで善を押しつけようという考えをかき立てる行き過ぎを免れている。

さしあたって、合衆国の助けを借りて英国とフランスによって行なわれたリビアへの介入は、これらの国の大半の住民の同意を呼び起こす。合衆国で両国がそう呼ばれているように、これら「自由主義的なタカ派」、すなわち民主主義的な価値観と人権の名における強権的な介入主義の擁護者は、国益の民族主義的な擁護者と合意にいたるのである。すなわち、カダフィは不快な独裁者であった。加えて、彼の国はアフリカ大陸全体でもっとも巨大な石油埋蔵量を誇っている、ということである。この一致によって、なぜ左派と右派がこのような選択に賛成するのかが説明される。テクノロジー上の優越性のおかげで、この戦争が介入する側の住民に犠牲者を生じさせることがないがゆえにますますである。さらに、戦争支持者に付け加えられるのは、勝者側につくことを好む人々である。すなわち、これらすべてが相まって多数派が形成されるのである。しかし、理想主義的な覆いが現実主義的な打算をもはや隠蔽できないがゆえに、英仏の住民は、道徳的シニズムの雄弁な教訓としてこれらのエピソードの全体を解釈するのではないかと憂慮することもできる。カダフィ体制に対する現在の公然たる非難は、そもそもそれに先立つ何年間かのこれら同じ国の政治に手厳しい光を投げかける。というのも、二〇〇四年以降、カダフィ体制は喝采を受け、友情の身振りさえ受け取っていたからである。フランスと英国の国家首長は、こぞってトリポリにやってきた。そして諜報機関でさえ相互に情報を交換していた。あるいはアブドルハキム・ベルハジの場合のように、手に負えない四人をさえ交換していた。つまり、これらすべては偽善でしかなかったのだろうか。その後、いかにして公的な言葉の真実性を信じることができるだろうか。いかにして私たちの政治指導者を信頼することができるだろうか。こうした教訓が人民の市民教育に有益に役立つのかどうかを疑うことができる。

一般的な規則として、国家間の関係は、各国家の内部に生じる関係とは異なって、力のみ、利害のみに従うともいえる。この場合、この法則の新たな事例を前にしていちいち憤っても何になるだろう。だが仮にそうだとすれば、犠牲者——こういってよければ付随的な犠牲者、だが不可避的な犠牲者——は、今や正義、民主主義、人権の理念そのものが、私たちにいっそう大きな富と増大した権力を獲得させるはずの行為に対する便利なカムフラージュと見なされるようになることを、いかにして理解しないはずがあるだろうか。干渉を包んでいる「贈り物用包装紙」をはがし、もう少し真実に近づくほうが好ましくないだろうか。同時に、私たちの「人道主義的な戦争」を堪え忍んでいる人々が、昔流の戦争における人々と同様に苦しんでいることを忘れてはならない。他のすべての動乱よりも真にすぐれた新しい動乱を褒め称えて頌歌を歌い出す前に、ゴヤが二〇〇年前に善の名において遂行された別の戦争、すなわちスペイン人に自由と進歩をもたらすナポレオン連隊の戦争から引き出した教訓についてとくと考えるほうがいいだろう。民主主義の名において犯された大虐殺は、神やアッラー、〈指導者〉や〈党〉への忠誠による大虐殺以上に生命に優しいというわけではない。いずれも同じ戦争という惨事へとみちびくのである。

道徳と正義に直面した政治

政治的メシア信仰の第三段階は、二〇世紀史を締めくくるあの喜ばしい出来事の逆説的な結果である。ベルリンの壁の崩壊、共産主義体制の瓦解、全体主義的なエピソードの終焉である。それ以前には、二つの超大国間の均衡――恐怖の均衡――が世界の相対的な安定性を保証していた。両国のそれぞれはその勢力範囲で「整理統合」し、その衛星国を支配することができたが、それぞれは他方に対してブレーキの役割をも果たしていた。存続する超大国がただ一つになって以来、行き過ぎの危険が新しい形態で出現した。というのも、もはや何ものもその活動の拡大に対立するものはないからである。合衆国は地球的規模の憲兵と化し、自分たちの意思を武力で押しつけがちである――この武力が善の色で彩られていることは驚くまでもない。

この戦略の支持者は今日の政治的スペクトル全体に見出される。左にも右にも。コソヴォ介入はビル・クリントンの時代に、イラク戦争はジョージ・W・ブッシュの時代に行なわれた。アフガニスタン戦争とリビア戦争はバラク・オバマによって遂行された――国益のほうが上位にあって、そとつどアメリカ大統領の個別的な意見や意図に打ち勝つように見える。すべてはあたかも、世界最強の国の元首が、ほかの仕方では行動できなかったかのように行なわれる。程度の差はあれ、同じことはヨーロッパの指導者、政治的身分の全体、あるいはその知識人についても言うことができるだろう。つまり、この戦略の支持者はあらゆる政治集団のなかに無差別に見出されるのである。

歴史を通じて、数多くの軍事介入が、ほとんど道徳的なこうした立場を引き合いに出したが、軍事介入は西欧の政治的メシア信仰をなおいっそう特徴づけるように思われる。図式は同一である。行動に際して、その普遍的で道徳的なねらいが予告される――問題なのは、人類あるいは人類の一部分の運命である。このことはこみ上げる熱狂を呼び起こし、これによって計画の実現を容易にする。集団的意志のたんなる影響によって、いかなる目的にも到達し、進歩の道を果てしなく前進できることを人は確信する。しばらくしてのち――一年後、一世紀後――、自称普遍的な目標は目標ではなかったこと、この目標はむしろ、これを表明した者たちの個人の利益に起因していたことに気づく。そのとき、自分はもはや罠に落ちたりしまいとみずからに誓う――新しい状況が実際に例外的である場合を除いて……。

これらの企図の結果は全面的にネガティヴである。個別的なケースを超えて、このことには二つの構造的な理由を指摘することができる。

第一の理由は、手段の暴力性が目的の気高さを無効にするということである。人道主義的な爆弾というものも慈悲深い戦争というものも存在しない。このことから被害をこうむる人々は屍を数えるのであって、崇高な目標（尊厳！　自由！　人権！　文明！）など知ったことではない。これらの介入の支持者は、介入がねらった目的とは逆の結果を産み出したことを驚愕とともに発見する。彼らの失敗は、彼らが、あるいは自分たちの行為の結果を気にかけずに、自分たちの確信のみにもとづいて行動することを選んだか、あるいはこれらの行為が組み込まれている道徳的で法的な枠組みを気にかけることなく、直接的な成功を獲得する欲求のみにもとづいて行動することを選んだかに起因する。マックス・ヴェーバーが語っている信条倫理が対立するのは責任倫理に対してではなく、純然たる実用主義、直接的な有効性の追求に対してである。責任のほうが前提としているのは、遂行している政治に対して道徳的・法的根拠を見出すことであり、同時にコンテクストのあらゆる要素を、つまり自己の行動のありうる結果をも考慮に入れることである。さもなければ、企図全体が失敗する運命にある。

第二の理由は、たんに提案する代わりに武力でもって他者に善を押しつける以上、他者が自分自身をみちびくことができず、解放されるためにはまず最初に服従しなければならないということを出発点で仮定していることである。ところで、このように彼らと私たちのあいだの不平等を認めることは、正義と道徳という最初の原則、および自分たちが具現していると見なされていたものに矛盾することである。この内的な矛盾の結果とは、自分たちが仕えていると主張していた民主主義的な価値観を永続的に危険にさらすということである。というのも、民主主義的な価値観は、その仮定された受益者に対して、別のモチベーション――政治的、経済的、イデオロギー的なモチベーション――を隠蔽する仮面のようなものとしてあらわれるからである。同時に、同じ諸国からやって来る人道的活動をも危険にさらす。人道的活動のほうはしばしば無私無欲であるのに、である――人道主義活動家が占領軍から提供される物資補給の援助を受け入れるとき、あるいは人権への違反を公然と指摘することによって、軍事行動を開始させることに一役買うときには、いっそう容易に危険にさらされる。

ここで問題になっているのが人権そのものではなく、人権を奨励しようとする仕方であることに注目しよう。人権は個人的な理想、あるいは市民社会によって開始された行動の地平、あるいは民主主義諸国における法体系の根拠にとどまるよりも、むしろ国家外交の操作的な原則として提示されており、このようにして善の創設を目的とする戦争を合法的なものにするのである。国際関係において普遍的な価値や道徳をこのような仕方で引き合いに出すことの害を確認することは、それらをかならず放棄すべきだということを含意しているのではない。そうではなく、それが示唆しているのは、コンテクストはつねに異なっているということを考慮して、それら普遍的な価値や道徳とのかかわりを特定の状況に限定すべきだということである。誰も戦争を禁止することはできないだろう。だが、戦時においてさえ、これらの価値の名において、拷問やレイプや奴隷状態の強制を排除することができる。私たちの隣国の一つで行われるジェノサイドのような極端なケースでは、依頼されない軍事介入も理解可能である――しかし思い出さなければならないのは、まさしくジェノサイドへの言及が強い反応を呼び起こすがゆえに、ジェノサイドに言及することは他の目標に到達することを可能にする操作手段として使用しうるということである。ジェノサイドについて大いに語られたが、一九九九年のコソヴォにジェノサイドはなかった。二〇〇九年のダルフール〔スーダンの西部地方〕にもジェノサイドはなかった。ここ数年、この用語の通俗化の疑わしさを確認することができる。この用語が使用される頻度から判断すれば、人類史には、冷戦後の時期ほどジェノサイドが多発した時期は一度もなかった！

公正な戦争が存在することは明白である。自衛の戦争（連合国の場合の第二次世界大戦、あるいは二〇〇一年のアフガニスタンへのアメリカの介入）、ジェノサイドあるいは大量虐殺を妨げる戦争（一九七八年から一九七九年にかけてカンボジアで行なわれたジェノサイドを中断させたヴェトナムの介入）である。それに引き替え公正でないのは、メシア信仰的なプロジェクトに組み込まれ、よりすぐれた社会秩序を他国に押しつけたり、人権を行き渡らせたりすることによって正当化される戦争である。

国際政治は、道徳原理の適用に還元されてはならないように、法的な諸規則に服することもできない。その理由は簡単である。正義は効果的であるためには執行する力を必要とするが、執行する力は個別的な国家に所属するからである。世界政府――あまり魅力的でないパースペクティヴ！――が存在しない限り、普遍的な正義は最強の国を益するファサードにとどまるおそれがある。二〇〇二年以降、国際刑事裁判所が存在する。本部はローマである。これは本当に普遍的な正義の道における前進なのだろうか。熱狂的には同意しないことが許される。というのも、この裁判所の検事は、国連の安全保障理事会に直属しており、そこでは五名の常任理事が、すでに指摘したように拒否権を有しているからである。国際的な正義はこの最初の不平等を反映している。これらの国の一つに対しても、その国が保護しようとしている同盟国にも、常時、いかなる非難も向けることができないのである。このようにして、イスラエルのガザに対する爆撃、ロシアのジョージアに対する、あるいは合衆国のイラクに対する爆撃は、国際裁判所に断罪されることは決してない。唯一、今日まで起訴された大立者は、アフリカ諸国――ウガンダ、コンゴ、中央アフリカ共和国、スーダン――の出身者である。

この介入の割り当ては解説を必要としない。だが最近の例を引き合いに出すことができる。二〇一一年三月にハーグで、国連によって創設された決定機関であるシエラ・レオネのための特別法廷を前にして、リベリアの元大統領チャールズ・テーラーの訴訟が行なわれる。彼の弁護士たちは、シエラ・レオネを荒廃させた内戦の他の責任者たち、たとえばリビアとブルキナ・ファソの国家元首を、なぜ同時に裁かないのかを問いかける。それは簡単なことだ、と検事長は答える。法廷に出資している大国がそれを拒否しただろうからだ（問題なのは合衆国と英国である）。ウィキリークスによって暴かれた電報が示すところによれば、チャールズ・テーラーに対する訴訟という考えは、リベリアの指導者の信用を失墜させるために、アメリカのリベリア大使によって提唱されたのであった。リベリアの指導者は手を血で汚した可能性がきわめて高いが、この悪評が彼が起訴された唯一の理由ではない。そこには決定的な仕方で、最強の国々の政府に特有の政治的な論法が、さらにはこれら政府の決定に影響を及ぼす私的なグループが交じっているのである。[23]

二〇一一年五月、国際的正義にまつわる他の二つの出来事を目の当たりにすることができた。フランスと英国の爆撃機がトリポリを爆撃しているあいだに、この国際司法裁判所の検事はリビアの指導者カダフィとその側近の何人かを人道に対する罪で訴追することを要求した。リビアへの介入に対して責任のある安全保障理事会の命令に従順なこの裁判の公正さは、本当に信頼できるのだろうか。一方の民間人の犠牲者は他方のそれよりも貴重なのだろうか。この決定はむしろ、一九九九年の対セルビア戦争の際に起こったように、正義がNATOの補助手段に変化したことに似ていないだろうか。

同じ頃、一九九四年のセルビアのスレブレニカ大量虐殺の責任者と見なされたセルビアの将軍ラトコ・ムラディクの逮捕、およびハーグの国際司法裁判所への移送が通告された。この国際司法裁判所は、ユーゴスラヴィア戦争のあいだに犯された犯罪を裁く任務を帯びているのである。これらの出来事はあちらこちらで、国際的正義へと向かう重要な前進の表徴として、また力がいたるところで徐々に法に服していく証拠として受け取られた。今後は——と、この機会を捉えて人々は主張する（だがこれが最初ではない）——すべての国家元首と高位の責任者は、自分たちがおぞましい行為を行なう際、恐怖で震えなければならない。というのは、彼らはいつの日か、帳尻を合わせなければならないからである。しかしこのイメージは幻想である。脅かされるのは、大半のアフリカ諸国のように、強力な保護者をもたぬ弱い国家の指導者のみである。巨大な戦争がない限り、いかなる大統領も、アメリカ、英国、フランス、ロシア、中国、インド等の戦争リーダーも、みずからの行為の刑法上の責任者とみなされることは決してないだろう。国際法は、これが真に強固であるならば、武力に服したままである。

諸国家の政治に役立たせられた道徳と正義は、道徳と正義そのものの妨げとなり、それらを強国の手中にあるたんなる道具に変化させ、強国の利益に投じられたヴェールのようなものにするのである。政治的メシア信仰、善と正義の名において遂行されるこの政治は、善と正義のいずれをも妨げる。パスカルの有名な言葉を、これほどみごとに例証するものはないように思われる。「天使のまねをしようとおもうと、獣になってしまう。[24]」いくつかの国のグループが自分たちの意思を他のすべての国に無条件で押しつけようとするとき、国際秩序は改善されることはない。行き過ぎの誘惑はそのときあまりにも巨大になり、民主主義の恩恵を受けるべき諸国の目に民主主義の輝きを失わせ、同時に民主主義を奨励する諸国それ自体においてすらその原則の値打ちを徐々に落としていくおそれがあるのである。

第４章　個人の専横

個人を擁護する

全体主義との衝突のなかで、民主主義は各自の自由を妨げる諸力に立ち向かった。そのとき問題だったのは、個人を犠牲にした集団の膨張であった。この集団自体は専横な指導者の小グループに服していた。ところで今日、欧米世界において民主主義にのしかかる主たる脅威の一つは、集団の並はずれた拡張に起因するのではない。それはむしろ、ある種の個人の未曾有の強化にある。その結果、これらの個人は社会全体の幸福を危うくするのである。

この新しい危険の高まりを観察するために、フランス革命の時代にもう一度、舞い戻らなければならない。フランス革命は神授権（よそからやって来た法を根拠とする）を人民の権利（自分自身にみずからの法を与える）によって置き換えた。この目標はすみやかに達成された。しかしながら、何人かの洞察力にすぐれた精神の持ち主は、旧い秩序の難点が全面的に退けられたわけではないことに、ただちに気づいた。国家権力は法にかなったものとなった。しかしそれより数十年前に、新しい行為者が出現するのが見られた。個人である。ところで、この個人は新体制によって旧体制よりもよく扱われているわけではない。絶対主義が革命にもかかわらず維持された。そしてこの個人は法によって保護されていないのである。

コンドルセはあの聡明な精神の持ち主のひとりである。彼は自分の同時代人が祖先たちの知らなかった自由への要求をもっていることに気づくだろう。宗教を選択する自由、障害なしに真実を追求する自由、自分によいと思われるように私生活を組織する自由である。数年後、ナポレオンがフランスにおいて権力を獲得するとき、もうひとり別の作者がみずから「政治の第二原理」と呼んでいるものを力強く表明するだろう。問題なのはバンジャマン・コンスタンである。彼は一八〇六年に『政治の原理』と題する大著を作成する。この著作は彼の生前に完全な形では公表されない。しかしコンスタンはそのさまざまな断片を出版している。それらの断片のうちの一つで、彼はつぎのように書いている。「至上権は制限された相対的な仕方でしか存在しない。個人的な生活の自立が開始する地点で、この至上権の権限は停止する。[1]」

コンスタンと当時の他の自由主義者たちが「個人的な生活」の空間を切り離し、これを保護する必要を理解するのは、恐怖政治、すなわち分別を失った人民のこの主権が引き起した破綻に直面することによってである。つまり彼らは、社会のなかで働いている諸権力が相互に区別され、一方が他方を抑制することができるようにすべきだというモンテスキューが取った予防策や、俗権（国家）と教権が相互に制限し合う、ヨーロッパの君主国によって採用された弥縫策では満足しない。自由主義思想はここで、異なった性格をもつ、新しい要素を導入する。個人である。これは権力ではない。そうではなく、保護すべき存在であり慈しむべき価値である。政治体制の穏健化、すなわち権力の多元制と相互の制限はもはや、この最終的な目的にみちびくべき手段でしかない。個人の保護と開花である。このときから、個人はもはや自由主義的な観点で社会という一つの集団の要素と考えられるのではなく、自律的な実体として考えられるのである。この自律的な実体にとって、社会生活は幾多の状況の一つでしかない。社会生活は役に立つか立たないかによって、ある場合には助力、またある場合は障害と見なされる。

そのとき問題になるのは、いっさいの社会的統制を免れるこの実存の活動範囲とは何かを知ることである。最初の段階では、コンスタンは市民的自由のみを採り上げる。他人を害しさえしなければ、個人は自由に行動し、自分が選んだ信仰を支持し、自分の思想を表現し、最後に法律と一致して取り扱われることができなければならない。コンスタンはしかしながら、その著作のあとのほうの章で、物質的な領域に位置する別のタイプの自由を検討している。これは彼が産業と呼んでいるもの、つまり大まかにいえば経済にかかわっている。彼は「商業の自由と市民的自由を同一線上に置く」[2]ことをあきらめる。というのも、前者は後者とは異なった問題を提起することを彼は自覚し、一方への反論が他方の必要性を疑わせるようなことがあってはならないと考えるからである。しかしながら、それにつづく時期、彼は徐々に、経済的自由を他の個人的自由と同じ次元に置くことに傾いていく。ルイ・デュモンが「未曾有のイノベーション、すなわち社会組織からの経済的な面の根本的な分離と、自律的分野へのそれらの構築」[3]と呼んでいるものが産み出されるのは一八世紀である。この分離は、アダム・スミスの『諸国民の富』〔『国富論』〕（一七七六年）にその成果を見出す。しかしそれは数多くの学者と哲学者の仕事によって準備されていた。伝統的社会では、経済的なものは実社会の幾多の次元の一つでしかない。一八世紀のフランスとイングランドでは、経済は政治、道徳、宗教から切り離された別個の活動、それゆえに、しだいにいっさいの価値判断を免れる活動であると考えられるようになる。経済的繁栄はそれ自体が目標と化すのである。この論争に対するコンスタンの特別な寄与とは、彼が経済的自律の要求を他の市民的自由のなかに加えていることにある——ところで、市民的自由は、彼が求めている民主的社会の主たる長所の一つなのである。

人間的行動を説明する

同時にもう一つ別の決定的な変化が産み出される。重力にかかわるニュートンの発見は人々に衝撃を与えた。そしてこの天才的物理学者の影は一八世紀全体に漂っている。数多くの哲学者や学者が人間的行動をじっくり観察し、そこに物理的世界においてニュートンによって確立されたのと同じく一般的で客観的な法則を発見しようと夢見る。『精神論』（一七五八年）の著者であるエルヴェシウスは「道徳を実験物理学として作り上げる」(4) ことができることを期待する。数学者としての教育を受けたコンドルセは、あらゆる「人間的認識」は「数学的科学」の対象となり、同じ厳密さに到達すると確信している——不当前提である。認識すべき二つの対象、すなわち物質的世界と人間的世界の差異にかんして同じコンドルセが表明した適切な指摘がこの不当前提を揺るがすことはない。

コンスタンもまたこの道に足を踏み入れるだろう。このことは彼の政治活動にかんする概念に決定的な影響を与える。彼が確信するところによれば、社会生活は厳密な法に従っており、これらの法を発見することは可能である。革命家たちはペラギウスの忠実な弟子として、人間の意志が、社会と、社会を構成する存在を、好きなように変化させることができると信じていた（サン゠ジュストとともに見たとおりである）。このようにして——とコンスタンは考える——彼らは人間世界の認識に背を向けたのだが、人間世界はまったく異なった真実を明らかにする。すなわち、意志は表面的な影響しか及ぼさない。人間は実際には自分の知らない力によって動かされている。これらの力はもはや過去のように神的な意図に同一視されることはない。そうではなく、歴史的で社会的な法に同一視されるのであり、これを定式化するのは学者の責任なのである。人間的事象のなかで働いているこれら書かれざる法は、その場限りの人工的な法よりもはるかに重要である。

各国の指導者は後者でもって自分たちの市民の習俗を立て直すつもりでいるのである。コンスタンは書いている。[5]「法は人間のあいだに存在する諸関係の表現であり、これらの関係は人間の本性によって決定されるのであるから、誰も新しい法を作ることはできない。それはあらかじめ存在していたものの新しい宣言でしかない。［……］立法者の社会秩序に対する関係は、物理学者の自然に対する関係と同じである。ニュートン自身は自然を観察し、彼が識別した、あるいは識別したと思った法を私たちに対して宣言することができたにすぎない。」自然の法と社会の法が神の意図の代わりとなったと認めるや、私たちはここでペラギウスよりもアウグスティヌスにはるかに近いと信じることができるだろう。

つまり、人間的行動は天体や地上の物体が行なっている運動と比較して特異なものは何もないのだ。このいっさいの区別の拒否は、息の長いある運動の成果である。というのも、西洋的伝統には、プラトンを信奉するのであれキリスト教を信奉するのであれ、自己の同類との接触を開始する前に、もっぱら事物や非人間的創造物と関係を保っている孤立した存在として人間を想像する傾向があるからである。このようなヴィジョンは世界の他の伝統や神話の大半において見出されるヴィジョンと好対照をなしている。後者においては、私たちが知っている社会的存在より以前の人間は想像されず、したがって他の人間への関係に先行しているような事物への関係は想像されないのである。一七世紀末、ロックはこの西洋的ヴィジョンを近代的な用語に翻訳するだろう。すなわち、人間は自己の労働の成果の所有者である（この点で人間は、六日で創造した世界の所有者である神に似ている）。その後になってはじめて他の人間との関係を開始する。他の人間はここでは任意の参加者と化しているのである。

一八世紀におけるロックの後継者たちは、人間どうしの関係をあたかも人間と事物のあいだの関係であるかのように解釈しようとする。このことがまさしく経済の分野を社会生活の残余の部分から切り離すことを許容するのである。利点は二重である。個人は自分の自由を肯定する（彼は自分自身にしか依存しない）。そして個人には人間的世界を知ることが可能である。というのも、私たちによって作られ、したがって私たちによって制御可能な人間的世界は、物質的世界と同一視されるからである。[6] この伝統の特徴を帯びているルソーは、社会としての世界を自然の世界に還元することが不可能であることを確認している。それを惜しむためであるが。「諸国民の法が、自然法と同じように、どんな人間的な力もうち勝ちえない強固さをもつことができれば、その場合、人間への依存はふたたび事物への依存となる。[7]」半世紀後、空想的社会主義者サン゠シモンは、この同一視を自分の科学的学説の根本的な公準の一つとし、人間の政府を事物の管理で置き換える必要性を主張する。

コンスタンにおいては、社会的なものの物理的なものへの同一視の第一の結果とは、政治活動の領域がひどく狭められるということである。革命家の改革主義的な熱情、立法的熱狂はむなしいし、そのうえ、有害であった。国家の活動は――とコンスタンは考える（この点で彼は新自由主義者によって追随される）――国内では裁判と警察、外国の脅威にかかわる場合は軍隊の助けを借りて、主として市民の安全を保証することに限定されなければならない。これに付け加えられるのは、これらの業務を維持するのに必要な租税の徴収である。さもなければ、国家は諸個人が国家を理解するがままに行動するのを放任しなければならない。自分の学説の最後の系統立った論述であり、以前のテクストを要約し加筆訂正したものである『フィランジエリの著作にかんする注釈』（一八二二年－一八二四年）では、コンスタンは断定的である。国家の活動は最小限に制限されなければならない。つまり、公的秩序の維持である。「この限界を超えれば、すべては侵害である」、「残余はすべて自由でなければならない[8]」。

つまり、この要求は経済活動にもかかわっている。「富を固定する」ことにも、「富を公平に配分する」ことにも、さらには「過度の豪奢を防止する」ことにも努めてはならない。いっさいの欠如に対する治療薬は、個人を何の拘束もなく行動させさえすれば、自由な個人からやって来るだろう。「そのあとで善を見出すのに個人を信頼することができる。」「産業には法は必要ない。」一国のあらゆる経済的問題は自分自身で解決策を見出すだろう。「治療薬、それは競争である。」ここに経済理論に対するコンスタンの第二の寄与がある（彼はこの観点からすればアダム・スミスよりもずっと非妥協的である）。経済的な繁栄は唯一、個人の活動に負っている。国家の介入はいっさい禁止すべきである。彼の書物はつぎの一般的な結論で終わっている。「思想、教育、産業にとって、政府のスローガンは自由放任および非統制でなければならない。」[9] このような推論の結果が前提としているのは、人間の行動を支配する法の存在を信じていることのみならず、この人間的行動は、コンドルセの表現を借りれば――とはいえ、コンドルセは国家の主意主義的活動の信奉者であったが――「人間精神の進歩」という唯一の方向をたどっているということである。無知であったりずる賢かったりする意志がこれを妨げさえしなければ、自然は正しく、私たちを善のほうへとみちびいていく、と一八世紀のマンデヴィルからスミスにいたる経済学主義の思想家たちはすでに公準として立てていた。彼らは人間的事象の展開を支配している「見えざる手」の理論の信奉者であった。コンスタンはこのことによって当時の科学主義的な精神に関与している。この精神はマルクスの作品のなかでも同じく働いているだろう。

自由主義者たちは自分たちの学説を自然の法に服従しているものとして提示している。この点で彼らは神の恵みにすべてを期待するアウグスティヌスの教説の信奉者に似ている――アウグスティヌスのペシミズムとは逆に、自由主義者たちがこの自然は好意に満ちており、不可避的に進歩へとみちびくと想像しているという差異を除いてである。彼らが拒絶するもの、それは自然の慈悲深い動きを妨害するおそれがある意志的な活動である。しかしこの推論は一つの困難にぶつかる。意志それ自体が人間にとっては自然だということである。その結果、この二つのカテゴリー、自然と意志とは対立しない。計画を練り上げる意志は、意志の不在と同様、自然発生的である。そういうわけで、自由放任の経済は計画経済以上に「自然的」というわけではない。自然と意志のあいだで選択しなければならないということは、もうすでに意志を選ぶ方法である。さもなければ、社会はひとりでに望みどおりの方向に向かうだろう。真の対立は自然と意志のあいだにあるのではなく、集団の（国家の）意志と個人の意志のあいだにある。というのは、経済の分野において公的介入の停止を弁護する自由主義者たちは、個人が消極的であることを推奨しているわけではないからである――まさに逆である。自分の目標をこのうえなき熱心さで追求する人々が、もっとも称賛にあたいするのである。神の法、あるいは歴史の不屈な法に服従しなければならないのは、国家だけである。個人のほうは個人的なイニシアティヴを発揮するよう促される。この点で、新自由主義者と社会主義者の差異は、一方は主意主義的で他方はそうではないということにあるのではない。主意主義は両者に共通だが、何よりも一方においては個人的であり、他方では集団的だということである。この観点からすれば、自由主義は疑似‐自然主義であり、真の主意主義である。

善の勝利への信頼のほとんど宗教的な性格は、コンスタンの場合よりもはるかに、次世代に属する自由主義思想の大げさな擁護者であるジャーナリスト、フレデリック・バスティアにおいて明らかになる。その断定的な表現は今日の新自由主義者たちの注目を集めた。先行する自由主義者たちのように、バスティアはアウグスティヌスではなくペラギウスのような仕方で、神によって創造された世界は悪くないだけでなく、自発的によき方向へと変化していくと考える。「神は自分が作るものを、よく作る」と彼は『法』[10]（一八五〇年）のなかで書いている。「摂理は間違えはしなかった。摂理は利益が［……］もっとも調和のとれた組み合わせに自然に到来するように、事態を整えた」（『正義と友愛』、一八四八年）。したがって、彼の主たる思想は「宗教的である。というのも、その思想が述べるところによれば、神の英知を啓示し神の栄光を物語るのは、天上の力学のみならず、社会的な力学でもあるからである」（『経済的な調和』、一八五〇年）。このような仕方で、バスティアはアダム・スミスの「見えざる手」、あるいはマルクスにおける「歴史の方向」のような定型表現が宗教的な起源をもっていることを暴露している。これらの表現は、人間がそうと自覚していないときでさえ、人間を神によって築かれた道へとみちびく摂理という思想を非宗教化したものである。世界は否応なく善へと進んでいく。世界の歩みを妨げてはならない。

同時に、コンドルセとコンスタンのように――だが彼らは歴史を神の代わりにしたのであった――、バスティアは科学を自分の結論の根拠にしようとする野心をもっている。このようにして同時代の社会主義者と一線を画そうとする。彼は社会主義者たちが幻想とむなしい夢想に没頭していると非難している（社会主義者はまったく逆のことを思っている）。つまり、彼はつぎの逆説的な定型表現を産出することができる。「私は［……］科学的で理論的な信仰でもって」「〈悪〉は〈善〉に到達し、〈善〉の原因となる」と「信じている」。この表現はマンデヴィルの『蜂の寓話』の挑発的な副題を思い出させる。「私的な悪徳、公的な利益」である。

一八四八年、フランスにおける人民の反乱によって、国民議会は法律のなかに、市民的自由の保護に加えて、社会正義の保護を導入すること――つまり、貧しい人々に仕事や物質的援助を保証すること――が有用か否かを問わざるをえなくなる。代議士に選出されたバスティアはこれに強硬に反対する。「人間の制度が神の法を妨げるようなことになっては」ならない、と彼は書いている。慈善を組織化しはじめれば、利点よりも不都合のほうが多くなるだろう。万人のあいだの連帯を過度に助長すれば、各自の責任を弱体化させ、企業精神を消滅させるおそれがある。ペラギウスは神の恵みをあまり当てにせずに、個人の努力に頼るように推奨していた。バスティアも同じことを述べている。彼の場合は、神の慈悲の代わりに社会的保護になっていることを除けばである。バスティアにとってもペラギウスにとっても、自由な人間とあまり悪くない世界を創造することによって、神は自分の仕事を終えたのである。バスティアは来るべき結果を不安に思ったりしない。彼が記述しているような社会においては、「すべての職業の道が万人に開かれている。各自は自由に自分の能力を発揮できる。[……]いかなる種類の特権も、独占も、制限もない」(『正義と友愛』)。

共産主義と新自由主義

共産主義は、すでに指摘したように、一九一七年以降、ロシアで、企画としての国から現実の国へと移行する。この出来事は、今度は自由主義思想家に活を入れる。彼らは共産主義者の実践のうちに彼らの最悪の危惧を見るのである。すなわち、国家に対する個人の全面的な服従、および同時に経済に対する中央機関であらかじめ決定された計画の適用である。このときから、自由主義革命は新しい局面に入る。新自由主義について語ることが正当化されるのである。学説は今や建設中の全体主義世界との対立を積極的に受け入れて表明される。古典的な自由主義思想によって奨励されるいくつかの原則から出発し、だがそれらの原則を急進化して硬化させて、新自由主義者はロシアにおける一〇月革命とドイツにおけるナチズムの上昇によって新しく作られたコンテクストのなかで彼らの思想を念入りに作り上げていく。ルードウィッヒ・フォン・ミーゼスの書物の一冊、二〇世紀における彼らの最初の代表的な大作は『社会主義』（一九二二年）と題されている。そしてソヴィエト・ロシアの国家管理主義的経済を脅かしている挫折を予言する。もうひとり別の新自由主義者の例を引けば、アイン・ランドは共産党のロシアで成長した。この共産党のロシアが、彼女の家族の金銭的破綻に責任があるのである。勉学の時期を通じて、彼女はロシアを支配している過激な精神を吸収しつつ、これに執拗な嫌悪を抱く(11)。

同じく、別の象徴的な例を採り上げれば、戦時中に出版されたフリードリヒ・A・ハイエクの新自由主義宣言『隷従の道』（一九四四年）は、何よりもまず、全体主義的な実践に似ているものすべてに対する警告として提示されている。第一にナチ、だが同時に——というのも、ハイエクにとって両者の親近性は異論の余地がないからである——社会主義の友人、ソ連である。ハイエクは人類を友人と敵に分割するこれらの体制に共通の傾向を断罪する。これらの体制はこの傾向によって戦争の論理を内政のなかに移し替えることが可能になるのである。彼は真実、正義、あるいは道徳を、時の政治的な目標に役立つ、純粋に歴史的な布置に還元することを批判する。彼は個人的自由の抹殺を遺憾に思う。彼はまた歴史の方向の二つの解釈の対立を確認する。すなわち、あるケースでは対決でもって、他のケースでは諸利益の調和に満ちた収斂でもって頂点に達する階級闘争である。

もっとも激しい攻撃の対象は、これらの体制によって取り入れられた経済的学説である。これらの体制は、ハイエクによれば「社会主義」のそれぞれの異本である。この学説の大きな特徴はつぎのように規定される。すなわち、社会主義者は、私的所有が廃棄されるか極度に制限されること、国家が一国の唯一の、または少なくとも主たる雇用者となること、自由企業・競争・市場経済が、ハイエクが「計画経済」と呼ぶものによって置き換えられることを要求するということである。すなわち、全面的に国有化され、統合され、序列化された経済である。この経済は、国が歩む方向を前もって決定する数人の個人によって指導される。その市民からいっさいの経済的自律性を奪うことによって、全体主義国家は市民に政治的奴隷状態を強いる。したがって、ハイエクは、なぜこれこれの経済的選択が不可避的に破綻に帰するかを証明することに没頭する。そこには民主主義の場合も含まれている。

この全体主義批判は正当であり必要である。しかしながら、新自由主義的な学説のさまざまな要素を観察すると、これら二つの統治モデルの対立は、これを表明する人たちが信じているほど、つねに完璧なのかどうかを自問したい気に誘われる。「共産主義イデオロギーと、その逆を主張する学説は、それぞれの仕方で、プロメテウスの神話に従属している」と、この神話にかんする研究でフラオーは書いている[12]。ペラギウスの遺産にも従属している、と、つけ加えることができるだろう。

幾人もの注釈者が、新自由主義的学説の根底にある歴史の奇妙な概念について、すでに強調している。バスティアについてすでに見たように、新自由主義的学説が公準として立てているのは、ただ人間が企画や計画によって事物の自然な流れを妨げようとしなければ、万事は、最善の世界のなかで、きわめて良好に進むだろうということである。この自然な流れは、自由競争の前に立てられたいっさいの障害の不在、つまり、場合によっては起こりうる望ましからざる結果を修正しようとするいっさいの国家的介入の不在に存する。「過去において文明の発展を可能としたのは、人間が市場の非人称的な力に服従したことである」とハイエクは書く。[13] まるで、神のように、市場は悪いことができないかのようである。この観点からすれば、自己の目標を全面的に「自然な」ものとして提示する新自由主義は、共産主義理論に実際には対立していない。共産主義理論の「理論的主張」は、すでに見たように、「現実的な関係の一般的な表現」であると見なされている。そして人間は自然の法に従っている以上、いかなる方向に行くべきかを知るためには自然の法を知るだけで十分なのである。つまり、マルクスとエンゲルスの「科学的社会主義」に「科学的」自由主義が付け加わることになるのである。いずれもが同じ科学主義的な前提を共有しているからである。

しかし、すでに見たように、自然の力への全面的服従というこの要請は、新自由主義的イデオロギーを上手に記述してはいない。この意志的な行動の放棄は、集団的な行為者にしかかかわらない。個人についていえば、運命に従順に従うことを彼らに勧めるどころか、新自由主義者たちは個人の自由とそのイニシアティヴの精神を称賛する。つまり、彼らは自然への服従というプログラムにさらにもう一つ別の違反を犯させるのである。この違反が彼らをふたたび社会主義者に接近させる。マルクス主義の学説は歴史の不可避的な方向――これによりよく服従するためにはこれを知ることが不可欠である――への確信と、歴史を加速させることを可能にする主意主義的な介入への要求を結びつける。新自由主義者については、彼らは古典的自由主義の自由放任から距離を取り、一種の国家介入を推奨する。つまり、競争に対するいっさいの障害の徹底的な排除である。「社会に対する自由主義者の態度は」と――ソ連の指導者たちなら無視できなかったであろう隠喩を敷衍してハイエクは書いている――「植物を栽培する庭師の態度のようなものである。彼は植物の生長にもっとも好ましい条件を作り出すために、植物の構造と機能を可能なかぎり詳しく知らなければならないのである」。たしかに彼の目標は異なっている。「競争がこのうえなく慈善的な役割を演ずるシステムを断固として創造することである。[14]」自然の法と歴史の法への盲目的信仰の結合は、人がみずからに与えた目標はすべて達成できるという確信とともに、科学主義の特徴であり、共産主義者と新自由主義者に共通している。というのも、科学はすべてを認識することができ、技術はすべてを行なうことができるからである。社会の再編成は、幾多の技術的問題の一つなのである。

　こうした決着はそれ自体として、それほど驚くべきものではない。ハイエクが認めているように、「全面的に運命主義者ではないどんな人も経済計画論者である。どんな政治的行為も経済計画論である[15]」。二〇世紀末にサッチャー、レーガン、あるいはピノチェトのような政治的指導者によって、それぞれの国家で強行された改革は、まさしくこうした主意主義的な態度を示している。〈壁〉崩壊の直後に東欧で適用された有名な「ショック療法」〔〈壁〉崩壊後の中東欧の急進的な改革で、一気に市場経済システムを実現しようとした〕についても事情は同じである。あるいはまた、二〇〇八年 - 二〇〇九年の金融危機の際に、西洋諸国が民間銀行を救済するために介入したこともそうである。今や、利益が個人的であるのに対し、リスクは社会化されている。ここで問題になっているのは「国家の新自由主義」である。これは言葉の矛盾であって、計画の内的な一貫性を疑わせる。コンスタンは国家が同時に、個人の生活への支配を強化し、かつ個人のうちの何人かのために役立ちうるとは予見していなかった。

二〇〇一年九月一一日のテロの直後、合衆国や英国のようなこうしたイデオロギーを採用した国家は、個人的な経済的行為者にはあますところなき自由をゆだねつつ、市民的自由の統制を強化した。このときから、私たちはウルトラ自由主義、つまりこの学説の変化の第三の局面に入ったのである。

新自由主義もマルクス主義と同じく、人間の社会的実存は本質的に経済に依存しているという確信を共有している。問題なのはもはや、たんに経済を他の人間的活動から切り離して考えることではない。経済に支配的な役割を割り当てることである。たとえ共産主義国家の実践がこれを例証しなくとも、この支配はマルクス主義の学説のなかに記載されている。この原則は新自由主義の理論家のなかにも見出される。そして今回は実行に移されている。この思潮の創設者、ルードウィッヒ・フォン・ミーゼスの主要作品が『ヒューマン・アクション』〔『人間の行動』〕と題し、そのサブタイトルが「経済学概論」（一九四九年）であることは偶然ではない。ハイエクのほうは、「計画経済」においては経済的な欲求と構造に過剰な地位が付与されていることを批判する用意ができており、つぎのように書いている。「知的存在が本質的に経済的な目的を自己に提示することはない。」しかしハイエクが特定する他の唯一の目的が「全面的な安逸と権力への欲望[16]」であることは意味深長である。そしてとりわけ、彼が純然たる市場経済の影響のほうを振り向くや、このごく小さな加筆さえ忘れていることは意味深長である。すなわち、「大きな社会全体を維持する唯一の善はもっぱら経済的である[17]」と彼は書いているのである。

非妥協的保守主義の誘惑

全体主義的な言説を想起させる新自由主義の特徴がさらに存在する。それはその急進主義、およびそれに伴う善悪二元論である。実際には、人間は経済的であるとともに社会的な欲求、個人的であるとともに集団的な実存をもっている。これら二つの観点は相互に制限し合い、おたがいに補完し合う。しかしこの連関は両端の理論家からは知られぬままである。唯一集産主義のみが一方にとって正しく、唯一個人主義のみが他方にとって正しい。共産主義体制では、個人的実存は全面的に集団の統制に従属している。新自由主義の定本《ウルガタ》においては、個人的欲望に対する集団のどんな影響でもただちにグラーグ〔ソ連の強制収容所制度〕に同一視される。共産主義社会は個人の自由を廃棄する。しかし個人には「すべてが許されている」と述べることもまた、個人の開花を保証することにはならない。

経済行動の自律性は共産主義権力によって疑問に付された。共産主義権力は政治的選択を特権化していた（その結果は恒常的な物資不足である）。ウルトラ自由主義においては、あっちこっちからやって来るプレッシャーで揺るがされるのは、政治的自律性である。現代では、この新しい時代の別の特徴であるグローバリゼーションのせいで、経済生活の行為者は局地的政府の統制を容易にかいくぐる。最初の障害に出会っただけで、多国籍企業は自分の工場をもっと歓迎態勢にある国に移転させる。今日、すべての国のプロレタリアに画一化を強制することによって、マルクス主義の旧いスローガンを実行に移するのは、これらの企業者である……。

その結果、グローバルと化した経済は、もはや国家の政治的統制に服従してはいない。まさしく逆である。国家が経済の役に立つことになったのである。というのも、国家は国籍表記を奪われた代理店に依存しているからである。代理店はみずからはいっさいの政治的統制を免れつつ、国家の選択を方向づけるのである。国家はもはや名前だけの民主主義でしかない——権力を掌握しているのは、もはや人民ではないからである。国家はとにもかくにも国境を守ることはできる——しかし金銭は国境で止まらない。この統合された市場のおかげで、個人は、あるいは個人の集団は、しかしいかなる政治的正当性の恩恵に浴することもないが、コンピュータ上でワンクリックするだけで、自分の資本をよそに移動させたり、その場に残しておいたりすることができる。そしてそれを通して、一国を失業と景気後退へと陥れたり陥れなかったりすることができる。彼らは社会的混乱を引き起こしたり、混乱を遠ざけることに役立ったりすることができる。つまり、彼らは巨大な権力をもった個人であり、誰かに言い訳しなければならないことなど何もないのである。

各国の内部では、ウルトラ自由主義のイデオロギーは政治活動にはなおさら余地を残さない。ここで普遍的なスローガンとは、市場の外部に救済はない、である。アダム・スミスとその同時代人には自明の理であった均衡に背を向けた彼らは、「自由競争を損なう」おそれのあるほんのわずかな国家介入さえ追及する。彼らはそこに二〇〇七年に始動した金融危機〔サブプライムローンの破綻に端を発する金融危機。リーマンショック等を含む〕の原因をさえ見る。このようにして、彼らは経済の最近の変化をなおざりにし、すべての「生産物」が同じ性質をもつものではないということを忘れている。消費の論理そのもの——「つねにより多く!」——が見直されることはけっしてない。新しい定本《ウルガタ》に従えば、国家は競争の自由な機能を育み、自然な時計（市場）の歯車に油を差し、社会的対立を解決し、公的な秩序を維持するためにしか介入してはならない。その役割は経済的権力を制限することではなく、それを容易にすることである。

他の人々と同じく、民主主義国の政治的指導者もまた金銭の牽引力に無感覚ではない。しかし今日、ウルトラ自由主義的イデオロギーに安心させられて、政治指導者はなおいっそう喜んで金銭の権力にみずからを役立たせる。よく知られた種々の突発事が示しているようにである（フランスでは、いろいろな財政改革、ヴェルト‐ベッタンクール事件〔世界最大の化粧品会社ロレアル・グループの筆頭株主であるリリアーヌ・ベッタンクールが内部告発により脱税を行なっていた事実が露呈した事件。事件が解明されるにつれて、労働大臣エリック・ヴェルトの妻、フロランスを通じて、エリックとの利害の一致が明らかになると同時に、ヴェルトが予算大臣その他の重要ポストを兼任していった事実が明らかになった。またサルコジの大統領選挙にまつわる不正献金疑惑が生じた〕等）。結果としてはこのたび、一方では政治‐経済的な寡頭政治が形成され、他方では敗者――システムの文字どおりの廃棄物、同時に貧困と軽蔑の受刑者――が除け者にされた。敗者は自分の不幸の原因であり、彼らを救うのに国家にも集団的連帯にも訴えてはならないのである。超人崇拝はウルトラ自由主義の論理にこそふさわしい。

この変化は、ある意味で、フランス革命によって押しつけられた変化よりもなおいっそう根本的である。フランス革命は君主の主権を人民の主権によって置き換えることで満足していた。ウルトラ自由主義のほうは、個人の意志によって具現される経済的な力の主権を、政治的主権がいかなる性格であろうと、その政治的主権の上に位置づける。そうすることで、ウルトラ自由主義は、ある権力の他の権力による制限である自由主義的な思想の創設原理に――逆説的に――違反しているのである。古典的な自由主義は社会の不均質性に根拠を置いている。公益はかならずしも個別の利益と一致しないがゆえに、個人の自由を擁護することによって一般意志の作用を制限しようとする。逆もまた同じである。その新たな変身は、一般意志が個人の行動を制限するのを妨げようとし、また公益の存在を認めぬがゆえに、社会を構成する人々の総体に社会を還元することを妨げようとする。このことで、民主主義の土台そのものが揺さぶられることになった。私たちはいかなる社会生活もイデオロギーの監視に服従させられるような政治体制を当然のこととして断罪する。神権政治におけるような宗教的な監視、全体主義におけるような教義上の監視である。しかし私たちは無制限な市場原理がその排他的支配を押しつける状況にはいかなる不都合も見えないように思われる。アメリカの注釈者ベンジャミン・バーバーが書いているように、「問題なのが、すべてを支配する市場、遍在する広告、まぎれもなく自己の世俗的な聖法《シャリーア》をつねに含んでいる消費であるときには、私たちはこの状況を自由と呼ぶ[18]」。

　莫大な資本を自由にできる個人、あるいは個人のグループが握っている行き過ぎた経済的権力に直面して、政治的権力はしばしば過度に無力であることが明らかになる。合衆国では、無制限の表現の自由の名において、最高法院は選挙の立候補者への企業献金を可能にした。具体的にこのことが意味するのは、より多くの金を持っている者たちが、自分たちが選んだ立候補者を押しつけることができるということである。この国の大統領は、間違いなく地球上でもっとも権力のある人間のひとりであるが、医療保険の公正な改革を促進したり、銀行の活動を規制したり、彼の同国人の生活様式によって引き起こされたエコロジックな損害を軽減させたりすることを放棄しなければならなかった……。ところで、自己を治療する手段をもたない病人、銀行への借金を返すことができないがゆえに路上に追いやられた人は自由ではない。私たちはつぎのような逆説に到達する。すなわち、国家によるいっさいの介入は個人の自由の名において拒絶されるが、この個人の自由は市場と企業に認められた無制限の自由によって妨げられるのである。

ウルトラ自由主義が、起業し、商売し、自己の資本を管理する無制限の自由をみずからに要求することを正当化するのは、エゴイズムへの権利を擁護することによってではなく、まさしくこの自由が社会全体を豊かにするもっとも効果的な方法であると主張することによってである。それが対立するのは、公的権力の側からのいっさいの規制措置である。なぜなら、ウルトラ自由主義の信奉者によれば、規制措置は国民全体を貧困化するからである。経験はこの理論を確証するのだろうか。フラオーは二つの例についてよく考えるように私たちを誘っている。第一は一六世紀から一九世紀にわたる黒人奴隷売買の例である。黒人奴隷売買はまさしく経済的な効率のよさの要求に応えている。「ヨーロッパの商人はアフリカ人に商品を提供したが、それと交換にアフリカ人はヨーロッパの商人に他のアフリカ人を引き渡した。ヨーロッパの船舶は商品を大西洋の反対側に運搬した。そこで商品は利潤をもって転売された。その際、これらの商品は、ヨーロッパで転売される定めにある砂糖を生産するために使用された。ヨーロッパでは砂糖の需要は強かったのである。供給と需要の自由な働きの成果であるこの国際的な分業のおかげで、アフリカの商人、アンティル諸島とアメリカの生産者、ヨーロッパの相場師、船主、消費者は皆、このことで儲けたのである。(19)」

しかし、この例を前にすれば、バスティアの最近の亜流であるミルトン・フリードマンがウルトラ自由主義的なシステムのために述べているように、このシステムが「世界に調和と平和を持ち来たらす」と言うことにはためらいを覚えるだろう。この不正取引がある日、中断されたとすれば、それは黒人奴隷売買の行為者がその恩恵に浴していた自由のせいではなく、道徳的で政治的な動機のためになされた、社会生活の他の行為者、最終的には国家自身、つまり一般意志の介入のおかげである。黒人奴隷売買の禁止は奴隷の自由を保証した。大きな拘束力をもつ法律の不在は、これまた奴隷よりもはるかに大きな力をもつ商人の自由を保証していたのである。

第二の例はエコロジーにかかわっている。国家の側からの強制がないのに、市場の行為者が環境保護の配慮を彼らの直接的な利益よりも優先させるということは、あまりありそうもない――問題なのがしばしば遠国の環境であったり不確かな未来における環境であったりするからなおさらである。むしろ反対の例を引用しよう。そこには企業家の国の現在にかかわる例も含まれている。企業家は環境を保護するために自発的には何もしないばかりでなく、自分の権力や利益の一部を自分の活動に対するいっさいの拘束を排除するために使用する。たとえば、二〇〇六年には、カナダの石油を産出するアルベルタ州で、ある医師がガンの発生率が三〇パーセント増加するのを発見して不安になる。「本人にとってかえって悪い結果になる。連邦の行政機関であるカナダ保健省が〝根拠のない不安〟をあおる〝非職業的態度〟のかどで彼を起訴する。[20]」そこには石油会社からの事前の介入があったか否かを疑うことができよう……。

二〇一〇年四月、メキシコ湾でBP社の海洋掘削用プラットフォームが爆発し、合衆国の史上最大の海水汚染を引き起こす。この機会に、掘削許可を交付し、石油会社を監督する政府の委員会が、本質的にこれら同じ石油会社のかつての社員によって構成されていることが明らかになった！　経済的行為者の無制限の自由は環境保護を保証しない――これがいえる最小限のことである。しかしながら、環境保護は公益なのである。監視されることもなく放置されると、石油会社は安価な、したがってほとんど信頼できない建築資材を選ぶ。ここに驚くべきことはない。良心を備えた個人ではないがゆえに、企業は利益の追求のみによってみちびかれることに何の痛痒も覚えない。このような欲求の制限は経済的論理の外にある決定機関からしかやって来えない。

共産主義と新自由主義とのひそかな類似性は、〈壁〉崩壊の直後に、東欧諸国に新しいイデオロギーが古いイデオロギーの代わりに驚くべき容易さで根づいたことをよりよく理解することを可能にする。集団に共通の利益はそこでは強い疑念を引き起こしていた。すぐ前の体制は、自分の卑劣な言動を隠蔽するために、この集団に共通の利益をあまりにも引き合いに出したので、もはや誰もこれをまじめに受け取らなかった。そこに偽善的な仮面しか見なかったのである。行動の唯一の原動力がいずれにしても利益の追求であり権力への渇望であるならば、適者生存のための情け容赦ない闘いが実存の真の（厳格な）法であるならば、ふりをすることをやめ、「弱肉強食の掟」を公然と引き受けるほうがよい。つまり、かつての共産党のエリートメンバーはウルトラ自由主義の衣装を迅速に身にまとうことができたのである。

他の価値を犠牲にしておこなわれるある種の価値の意志的な選択としてではなく、科学的真実として示されたその公準への盲目的な同意を要求することによって、ウルトラ自由主義は今度はみずからが世俗的な宗教と化す。そもそもこの世俗宗教は往々にして、共産党によって使用されたそれを思い出させる宣伝戦略の助けを借りて広められたのである。これら共通点の存在だけでは、ウルトラ自由主義を、たとえソフトなものであろうと全体主義と見なすのに十分でないことは間違いない。しかし共通点の存在は、両者がそれぞれの学説の支持者が主張するほどには対立していないことを暗示している。ウルトラ自由主義は全体主義の敵であるだけではない。それはまた、少なくともそのいくつかの面によって、全体主義の兄弟なのである。反転したイメージ——しかしながらシンメトリックなイメージである。その計画は、一方の極端から他方の極端へと、つまり全体主義的な「まったき国家」からウルトラ自由主義的な「まったき個人」へと、自由破壊の体制から、こんな言い方ができるなら、社会破壊という別の体制へと移行させるのである。

新自由主義の盲点

新自由主義者は革命思想家からほかの特徴を受け継いでいる。抽象的価値が引き合いに出されるという事実である。その普遍的な牽引力が公準として立てられるのである。この場合は、自由である。エドマンド・バークはフランス革命の時代に（一七九〇年）、一般的な価値を援用する革命の性癖を検討することによって、自由にかかわる保留を表明する。しかし彼自身もまたこの自由を援用する。しかし、と彼は書いている、「それを取り巻くもののいっさいの関係を奪われた、形而上学的抽象による、裸で孤立状態にある事象それ自体しか見ないのであれば、私は責任をもって人間の行動や問題に関係することについて称賛すべきか非難すべきかを、まったく区別することができない」。政治は原則の問題である以上に原則の応用の問題である。個別的な社会では、自由は擁護されるべき唯一の価値なのではない。自由はさまざまな力と相互作用を開始し、ほかの要求と競合関係に入る。さらに、これは本質的なことであるが、「人間が集団で行動するとき、自由は権力となる。そういうわけで、思慮に富む人々は、この権力がどのように使われるかを確認することができたあとでしか意見を表明しないだろう[21]」。権力もまたいかに使用されるかで判断されるべきで、抽象的に判断されるべきではない。コンスタンもバスティアも自由のこの別な面をけっして検討しない。何も私の行動を制限しなければ、私は絶えず増大していく権力を獲得する。この権力は、私が望もうが望むまいが、私の周囲の他の個人を犠牲にして行使される。彼らはそうすることで、穏健であろうとしていた政府のためにモンテスキューが表明した黄金律を忘れるのである。すなわち、「すべて無際限の権力は正統ではありえないだろう[22]」。

バスティアが、自分の国ではいかなる人にもあらゆる職業の道が開かれていると主張し、それぞれの人はつねに自分の能力を自由に発揮できると主張するとき、彼が思い浮かべているのは、起源も家庭環境も社会的関係も奪われた抽象的な人間、かつて存在したことがないような人間である。この「形而上学的抽象」に対立し、貧しき者たちに救いの手をさしのべるために不当前提を捨て去ることを提案するのは、彼の時代の社会主義者だけではない。同時代人の経済的苦境に敏感なキリスト教徒の活動家もである。ドミニコ会の司祭アンリ・ドミニック・ラコルデールはこの同じ時期に『ノートル゠ダムでの講話』を公開し、大変な成功を博する。一八四八年にさかのぼる第五二回目の講話で、彼はつぎのような観点で形式的な自由と現実の自由を比較対照する。

「労働者に、休息が必要な日の明け方に自由に仕事を放棄することができるかどうかを訊ねてみたまえ。［……］工業都市に住み着いているこれら生気のない人々に、肉体の苦痛を軽減することで、彼らが自由に魂を救済できるかどうかを訊ねてみたまえ。個人的な強欲と主人の強欲の犠牲となった無数の人々に、彼らが自由にもっと幸せになれるかどうか訊ねてみたまえ。」そして彼は有名になったつぎのような表現でもって結論する。「強者と弱者、金持ちと貧乏人、主人と奉仕者のあいだでは、自由が虐げ、法が解放する。[23]」金持ちと強者が自分たちのために要求する自由は、社会の内部で自分たちの権力を増大させる手段である。つまり、アウグスティヌスも望んでいたように、人間の意志には制限を設けなければならない。ただしラコルデールは、しかし彼は司祭であるが、その制限を神の意志ではなく、社会正義と人間の法律のなかに見出しているのである。ここでバークの願いが聞き入れられる。自由の要求をコンテクストのなかに置くという願いである。

もう一つ別の不当な抽象は、人間を物質的な利益のみによって動かされる（この機会に「合理的な」と呼ばれる）エゴイストな個人として想像することである。だが幸福は物質的な利益と権力とへの欲望の充足にのみ由来しうるのだろうか。すべてはあたかも、新自由主義の信奉者が、それと気づかずに「競争は経済に有益である」という考えから「経済にとってよいものは、それだけで人間の幸福に十分である」という原則に徐々に移行するかのように行なわれる。そうすることによって、彼らは人間の広大な部分を隠蔽する。「社会生活」という表現で簡潔に指示される部分である。ところで、非社会的な「人間の本性」、あるいは下等な動物のように、生命維持に不可欠な欲求にのみ還元されたような個人を公準として立てることは明らかに不可能である。

というのは、新自由主義思想のベースには、疑わしい人類学が見出されるからである。それが提示するところによれば、人間は自給可能な、本質的に孤独な存在であって、一時的にしか彼の周囲の他の存在を必要としないからである。このことは、心理学、社会学、または歴史が、たんなる良識についてはいうまでもないが、私たちに人間のアイデンティティについて教えていること、古典的な自由主義者、ロックまたはモンテスキュー、アダム・スミスまたはバンジャマン・コンスタンがよく知っていたことと食い違っている。彼らは人間関係が人間的なものの基礎を築いていることを知らないわけではなかった。ヨーロッパの偉大な知的伝統であるヒューマニズムは、まさしくこの点について、人間は何から何まで社会的な本性をもつということを強調することによって個人主義に対立する。すなわち、人間相互の関係は自己の構築に先行する、人間存在は周囲の他者の眼差しのなかに承認を見出すことができなければ生まれることができない、のである。つまり、ヒューマニズムは人間ひとりひとりの自律に、必然的に共同的な私たちの生活に起因する制限を押しつける。個人は行動の起源であるだけではない。それはまた行動の目的である。普遍性の要求もまた自由の行使に制限を設ける。平等と友愛の原則も自由の原則と同様に民主主義の創設者である。もしそれらの原則を忘却すれば、万人に自由を保証しようという野心はそれ自体が失敗を余儀なくされる。

人間の欲望がすべて経済的な欲求から来るのではないように、社会は、それぞれが自分自身で自足する個人のたんなる集まりには還元されない。ハイエクは「公益」、「一般的な利益」、あるいは「社会正義」のような表現を意味を欠いた抽象だとして退ける——しかし、いっさいの歴史的な次元も社会的な帰属も奪われた、彼が言及する個人以上に抽象的なものがあるだろうか。人格は孤立して実存するのではない。人格は現在の相互作用と依存と同様、過去の出会いと交流、遺産と借用によって作られている。新自由主義者が想像する社会は、自由意志によるメンバーズクラブに似ている。メンバーは自給可能であるがゆえに加入契約を中断することもできるのである。社会的で文化的な帰属へのかかわりは廃止される。ともに生活している人々からやって来る承認への欲求は等閑に付される。集団的な利益の追求は放棄される――それらが全体主義へとみちびくことが怖いのである。個人的な自由への無制限の礼賛は、結局は純然と想像上の存在を創造することになる。あたかも、実存の最終的な目的が、孤島におけるロビンソンのように、社会的関係、友情、愛の濃密なネットワークに囚われるのではなく、いっさいの絆と依存関係から解放されることであるかのように。[24] 個人の行動にブレーキをかけることを放棄することによって、新自由主義者はかつてペラギウスによって引かれた道に無遠慮に足を踏み入れるのである。

新自由主義の教義のベースに見出される人間のイメージとは逆に、人間は自己の意志の産物ではなく、つねに、そして唯一、人間がそのなかで誕生する家庭的で社会的な環境から構成される。この現実のもっともはっきりした例が、各個人に先行する言語の例である。ところで、もし個人が産声を上げたときから、ことばという環境に浸されなければ、彼はほとんど動物的な条件を余儀なくされるだろう。私たちのひとりひとりは、そのなかで生きている社会組織に働きかけることができる前に、社会組織によって形成されたのである。もちろん、この社会組織の作用は言語に限られない。そこに一連の規則と規範が付け加えられる。これが、私たちがグループの一員になることを可能にするのである。「法は私たちひとりひとりを権利の主体とする」と法律家アラン・シュピオは書いている。「自由であるためには、主体はまず第一に彼を他の人々に結びつけることばによってつなぎ止められなければばならない。」[25]ラコルデールは自由に対する優先権を法に与えるときに正しく理解していた。法の忘却は権力の専制に、勝手気ままを許容するのである。

自由と愛着

すでに古くなった論争が、人間がおたがいに抱く執着の位置について二つの概念を対立させていた。パスカルによって解釈されるようなキリスト教の教義によれば、「われわれをそそのかして被造物に執着させるものは、すべて悪である。なぜなら、それは、われわれが神を知っていれば、神に仕えることを妨げ、われわれが神を知らなければ、神を求めることを妨げるからである」。パスカル自身は、彼の妹の話では、近親者に対して思いやり深く、情愛に満ちていることができた。だが彼は自分がその主体であろうと対象であろうと、執着から逃れようとし、たとえ好意的な口調であろうと、妹の執着を責めた。この点で、妹は彼よりも完全さにおいて劣っていた。彼女は自分の兄に対して、人間的な、あまりに人間的な感情に身をゆだねたのであった。「人が私に執着するのは、たとい喜んで心からしたにしても、不当なことである。私は、そういう願いを起こした人々を、裏切ることになるであろう。なぜなら、私は何ぴとの目的でもなく、彼らを満足させる何ものをもたないからである」[26]。

ルソーによって具現されるヒューマニズムの教義によれば、人間はまさしく人間の合法的な目的であり、執着は、惜しむべき態度であるどころか、人間の条件に本質的に属している。たしかに、とルソーは書いている、「愛着はすべて、自足できないというしるしだ。私たちの一人一人が他の人間をまったく必要としないなら、他の人間と結びつこうなどとはけっして考えまい。」しかし私たちはかくのごとしである。すなわち、不十分さのなかで誕生し、不十分さのなかで死に、欠けている補完物を求めて、つねに他者の必要に駆り立てられているのである。人間が他者を必要とし、尊敬されることを必要とし、同時に「心の愛着を必要[27]」とするのは、人間が生来の不十分さとともに実存に到達するからである。ところで、いかなる絆も自由を制限するのである。

神との特権的な関係をもはや当てにしない世界において、このように愛着を強調することは、だからといって、子供時代以降、個人に強いられているすべての絆を受動的に受け入れ、そのうえ、称賛さえしなければならないことをも、家族、クラン、民族、人種……との連帯を義務的なものにしなければならないことをも意味しない。もっとも貴重な関係は——と、すでにモンテーニュは述べていた——「われわれの選択や意志の自由[28]」に依存する関係である。しかし成熟した生活の理想が、全面的な「自立」、つまり神に対するのみならず、人間に対するいっさいの義務といっさいの執着の不在であるなどと、いかにして想像することができたのだろうか。そういうわけで、無制限の自由は、人間の実存の理想とはなりえないだろう——それが人間の実存の出発点でもないように。

ある政治的著作のなかでバンジャマン・コンスタンは主張した。「個人的な自立は近代的欲求の第一のものである」と。小説『アドルフ』で、主人公もまた確認した。「いかにそれが私の心に欠けていたことか、しばしば私を憤慨させたこの依存が！［……］私は自由だった、もちろん。私はもはや愛されなかった。私はすべての人々にとって異邦人だった。[29]」この矛盾、あるいは少なくともこの緊張は、彼のすべての作品に浸透している。彼の政治的で批評的な著作が自律的個人の理想を熱く擁護しているのに対し、彼の虚構、私的な著作、あるいは宗教にかんする偉大な著作のなかに見出される人類学は、人間について別の観念を提示している。人間は社会の内部で誕生し、したがって社会は人間に先行する。「知性の発達それ自体は社会の結果にほかならない。」彼のアイデンティティは本質的に関係的である。人間はつねに「自分の心のなかに執着の必要」を感じている。そして、「すべては人生における相互的な状況に依存している」[30]。そして私生活が向かうべきある理想を探さなければならないとすれば、それは自由よりもはるかに愛であるだろう。コンスタンがある女友達宛の手紙で書いているように、「一つのことば、一つの眼差し、一つの握手が、私にはつねに、理性全体よりも、すべての地上の王権よりも好ましく思われた」[31]。

第5章　新自由主義の結果

今度は民主主義の現代的な命運の憂慮すべきいくつかの相について、いっそう素早く検討したい。新自由主義のイデオロギーから直接に生じるわけではないが、これらの諸相はこの教義によって課せられる枠組みのなかで新しい重要性を帯びる。事実それ自体はよく知られている。ここで私たちの心を占めているのは、これらの事実のグローバルな意味である。

科学の責任?

新自由主義の論理によって生み出される危険の思いがけない例証となったのは、二〇一一年三月に日本のフクシマ原子力発電所で起こった事故である。一見すると、このカタストロフはそれ以前に起こったカタストロフのように、啓蒙主義時代以降、人類の大半が採り入れたペラギウス主義的態度が含んでいるリスクの一例であった。科学が物質世界において行なった諸発見を根拠として、科学に私たちのすべての欲望の実現を容易ならしめることを要求したくなるのは、あまりにも当然である。産業社会によって活用される科学精神のさまざまな進歩は、万人に繁栄と快適さをもたらすと見なされていた。つまり、こうした熱望はヒュブリス、または行き過ぎから生じ、同じ時代に、遠隔地にいる人民に対して、ヨーロッパ文明がもつとされる恩恵をもたらそうと欲する政治的メシア信仰に属していた。ところで、一九世紀の幸福感のあとで、明らかにならざるをえなかったのである――テクノロジーの進歩は一律に恩恵をもたらすのではないということ、テクノロジーの進歩は往々にして新しい脅威の原因であるということである。

原子の核分裂の制御は、人類を待ち伏せているこの漂流のこのうえなく明白な例である。二つの世界大戦のあいだの時代において、物質の秘密に通暁することに一役買った物理学者たちが道徳的な大きなジレンマに直面したのは、一九四五年、彼らの発見の結果が、たった一個の原子爆弾の作用でもって、数秒にして何十万という人々の生命を消滅させることを可能にしたときである。このような結果を前にして、科学の進歩を喜ぶことができるのだろうか、あるいは科学の進歩はつねに人類の進歩に一役買うと信じることができるのだろうか。状況がさらに深刻化したのは、カタストロフが故意に惹起された爆発の結果ではもはやなく、共通の幸福に役立つと見なされている平和的な計画の結果であったときである。民間の原子力発電所である。一九七九年のスリーマイル島、一九八六年のチェルノブイリ、二〇一一年のフクシマの事故は、核エネルギーの平和的利用が予見も制御もできないリスクを引き起こすということを証明した。

最後の事故の直接的な結果は知られている。この人口過剰国の数百平方キロが居住不可能と化し、海とその動物相が汚染されたのである。その場で働いていたり住んでいた人々についてはいうまでもない。そしてさらに、もし風が悪い方向に吹いていたならば、海流が異なった方向に向かっていたならば、結果はなおいっそうひどいことになっていただろう！　この大事故の間接的な影響は計り知れない。それは日本の食習慣の変化（魚や植物といった自然食品が危険の第一の原因と化した）から、他国のエネルギー政策の激変――たとえば、今日ではドイツである――にいたるまで広がっている。ドイツは自国の原子力発電所を閉鎖することを決定したが、このことで論争を締めくくられたわけではない。というのも、ドイツは原子力発電所を別のタイプの発電所で置き換えなければならないが、この別のタイプの発電所はいっそうの環境汚染を引き起こしたり、地球の気候をさらに悪化させるリスクを有しているのである……。

核エネルギーの利用は、その使用以前には未知のリスクを結果的に伴う技術改良の最初の例ではないことはもちろんである。結局、海を横断することを可能にする船に乗ったときには、人間たちは船が沈めば溺れるリスクを背負い込んだのである。そして今日、ためらいもなく飛行機に乗り込むすべての人々についても同様である。すなわち、技術は裏切るかもしれない。それはわかっていたことである。そして生存の可能性はゼロである。しかしこの以前の時代には、リスクを冒すのは自分自身だけであった。原子力発電所（あるいは、そもそも同名の爆弾）において重大なのは、それが停止させることが不可能なプロセスを開始させることである。放出された放射能は二万五〇〇〇年残留する。永久にというも同然である。つまり、今日、私が冒しているさまざまなリスクは八〇〇世代におよぶ私の子孫にかかわるのだ！　これらのリスクはまた、チェルノブイリで見たように、核エネルギーを利用することを選択した国とは異なった国の住民にも関係するのである。

徐々に頻繁に取り沙汰されるようになっている他のエネルギー源は、故意に選択された善から悪が生じるという、似たようなケースを提供している。シェール・ガスである。シェール・ガスは深い地層に埋蔵されており、地下で爆発を引き起こすことによって地表に取り出すことができる。こうした開発が開始された場所では、住民は水道水が飲めなくなったと苦情を申し立てている。浅い地層の地下水が汚染されるのである。廃棄物は地表に貯蔵される以上、今度は空気と地面が危険の原因となりうる。その存在が永久に保証されているように見えた、水、空気、地面のような要素が脆弱であることが明らかになる。それほど、今日、人類が駆使している力は大きいのである。たとえば、汚染地帯に位置する家々の価格低下のような間接的な影響についてはいわずもがなである。その家には一つの人生において節約した金、さらには幾世代もの貯金が投資されてきたのである。

テクノロジーのイノベーションが期待を抱かせると同時に脅威となる分野は数えきれない。もはや新石器時代以来そうであったように環境や選別に対してではなく、植物の構造内部に介入することによって、MGO、すなわち遺伝子組み換え生物が獲得される。遺伝子組み換え生物は収穫を向上させ、害虫をやっかい払いすることを可能にする。しかしこのようにして数千年紀を要した順応の結果である複数の種のあいだの均衡を覆すことによって、新しいカタストロフを引き起こす恐れがある。気をそそると同時に恐ろしいパースペクティヴが、人間の胎児の遺伝子操作のおかげで開ける。胎児の遺伝子操作はいつの日か、自分の子供の性を選んだり、望ましき知性の度合いを選択したりすることを可能とするだろう。ナノテクノロジーは、未曾有の能力をもつ男女の生産を容易にするだろう。本当にこれが善なのだろうか。人間の生体の外部にとどまっている道具も、劣らず人間生体に影響を及ぼす。携帯電話は脳腫瘍を生じさせるように思われる。コンピュータとの長時間におよぶ相互作用は、コンピュータ使用者の社会行動に影響することは間違いない……。

これらの変動全体がすでに強い反動を引き起こしている。エコロジーのテーマが公的な論争において獲得する重要性は、これに直接に結びついているといえるだろう。ふたたび今日的意義をもつようになったのが、制御できない諸力を始動させる魔法使いのへぼ見習い、自分が創造したものに逃げ出される創造者たる学者フランケンシュタイン、あるいは空想科学映画で、自分の主人たちに反逆するロボットたちという形象である。ドイツの社会学者ウルリヒ・ベックは二〇世紀の八〇年代に、西洋社会は、科学と技術が繁栄と進歩に一役買うと期待されていた「第一期の近代性」を離脱してしまい、これら同じ活動が危険の原因として認識される「第二期の近代性」または「リスクの社会」に足を踏み入れたと示唆している。人間の補助手段が人間の最悪の敵となる。以前は、悪は自然からやってきた。科学に根拠を置く人間の意志が救済の源であった。今日では逆である。科学はリスクとして認識され、希望をもたらすのは自然である。このことから、私たちはぐるっと円を一周して、意志の代わりに、もはや恩寵ではなく今や自然がやってくるということを除いて、ペラギウスがふたたびアウグスティヌスを前にして消え去ったと結論しなければならないのだろうか。

しかし一般に人間の意志、つまり人間の欲求によりよく応えようとする意志、あるいはさらに科学の進歩が、フクシマのそれのようなカタストロフやその他の逸脱の原因だと捉えることはできない。いっそう特殊な身振りがここでは決定的な役割を演じた。フクシマの事故は地震と地震に伴った津波の結果として起こった。ところで、この発電所が特別な用地に——大都市から遠くない、地震発生率の高い地帯の海辺に――建設されていたのは、よりいっそうの便利さのためであり、そして結局は、こうした解決策が発電所を利用する人々にとってもっとも収益性があったからである。爆発は自然的カタストロフの結果ではなく（自然はカタストロフという概念を知らない）、一連の人間的決定の結果である。爆発は結局、民間の大株主と行政官僚との癒着から生じるのである。シェール・ガスの採掘は、採掘する者たちに莫大な利益をもたらす。彼らは政治的責任者を買収し、自分たちの活動の長期的影響について考えるよりも住民に弁償するほうを好んでいる。テクノロジーのその他の乱用についても同様である。現在または未来の人々への結果を気にもかけずに、新しいテクノロジーを直接的に過度に使用することの動機となっているのは、認識への熱望ではなく、金持ちになることへの欲望である。そして強欲だけがこのように行動させるのではない。こうした選択の責任者たちは同じく、権力のめくるめく陶酔によって、こうした権力に手にしていること、つまり大勢の住民の未来を決定することから引き出す傲慢さによって盲目になっている。

こうした実践の有害な結果と闘うためには、科学的知識は不可欠である。気候の温暖化の恐るべき結果とは何か、またその原因は何かを明らかにできるのは、科学である。ＭＧＯ〔遺伝子組み換え生物〕の望ましき、または望ましからざる影響を発見するのも科学である。科学を自然で置き換えることはできないが、悪い科学を別のもっとよい科学で置き換えることはできる。前者は科学の発見の影響をここと今とを超えてまで配慮することなく、後者は時間の持続と空間の広がり、来るべき諸世代と隣人を考慮に入れる。フクシマのカタストロフや他の似たようなカタストロフは、よりよく生きようとする人間的熱望に起因するのでも、物質の秘密を知ろうとする人間的な熱望に起因するのでもない。

そうではなく、人類を諸個人――それ自体、経済的な関心にのみ還元された諸個人――からなる未分化の集団と見なす新自由主義の論理に起因するのである。

個人的意志の逸脱から私たちを保護するのは、自然ではない。そうしようとする共同の意志である。まさに全体主義的な悪夢が集団的行動の評判を危うくすることがないように、ヒロシマの爆弾とフクシマの爆発が認識作業を疑わしいものにすることはない。それらは認識作業の枠を拡大しようとすることを私たちに余儀なくさせる。このことは文字どおりの意味においても理解されうる。すなわち、人間のテクノロジーの力はきわめて大きいので、その影響は一小国の国境で止まりはしないということである。それは大陸の尺度で影響を及ぼすのである。フランスの原子力発電所の事故はドイツの住民に直接にかかわる。ちょうど、ドイツの産業が引き起こした気候の温暖化がフランスの住人に重大な影響をもたらすようにである。チェルノブイリの雲はとどこおりなくヨーロッパのすべての国境を横断した。明日への決定を方向づける集団的意志もまた、この大陸的尺度の上に位置づけられるべきである。

法の後退

人間ひとりひとりの本質をなす社会的次元を忘却することは、知的な誤謬にとどまらない。私たちの人間性の根拠をなすものについてのこの毀損したイメージをベースにして、同じく毀損を惹起するさまざまな結果をもたらす政治が始まるという、現実的な危険が存在する。ここでいくつかの例を見てみよう。

西洋の伝統は、法によって律せられるか、それとも契約によって律せられるかによって、さまざまな義務関係を生じさせる二大タイプの社会的紐帯を区別している。いずれにしても、三つの審級を判別することができる。まず最初は我と汝で、相互作用を開始する二人のパートナーである――売り手と買い手、主人と奴隷、先生と生徒である。つぎに彼ら、つまり結ばれた契約の有効性を保証する非人称的な第三者である。しかしこの第三者は二つのケースにおいて同じ役割を果たしてはいない。シュピオが指摘しているように、法は「私たちの意志とは無関係に私たちに強制されるテクストやことば《パロール》」と解されるのに対し、契約は「他人との自由な合意から生じるテクストやことば[1]」にかかわっている。法の場合は、第三者が義務の内容そのもの、すなわち禁止され、あるいは許容され、あるいは強制されるものと同時に、それに服する必要性を定める。契約の場合は、契約当事者は内容を自由に決定する。一方、第三者は契約の有効性を保証するだけにとどまっている。もし約束《パロール》を守らなければ、法に抵触するのである。法は国民の意志のあらわれであり、約束は個人の自由に基礎を置いている。

この区別は、ある種の規範や価値は、個人間の交渉にはなじまないという事実を認めている。というのも、それらの規範や価値は、以前から、つまり彼ら個人が世界に到来するよりも前に、そして彼らの意志とは無関係に決定されたからである。このことは今度は、英国の元首相でありウルトラ自由主義者であるマーガレット・サッチャーのしばしば引用される決まり文句――「社会は存在しない」――が理解させていたのとは逆に、社会は社会に所属する諸個人の総和には還元されないということを私たちに思い出させる。そういうわけで、私たちがもっているのは、私たちが人類に所属しているということから生じる権利――私たちが人権と呼んでいるもの――のみならず、同時に（とりわけ）私たちがある特定の社会に所属していることに由来する権利と義務である。

前近代的な社会においては、いっさいの義務を保証する役割は、さまざまな伝統によって、ときには神または神々によって演じられている。人間社会のかなりの部分に大きな変化が起こった。この役割が今や社会そのもの（あるいは「人民」）にゆだねられ、この社会が社会を統治する秩序を専断的に選択するのである。実際には、この役割は国家に割り当てられる。私たちが国家（たとえば、貨幣の一定の価値、あるいは法に訴える可能性）に認める信頼は、神への信仰以上に合理的というわけではない。この信頼は必要によって私たちに命じられる。すなわち、社会が機能するためには、人がそれに従って生きている規則を誰かが保証していることを万人が信じなければならない。第三者が万一、消え去ることにでもなれば、私たちは動物界に連れもどされるだろう。これが、私たちが不適切に「弱肉強食の掟」と呼んでいるものである。この状態では、力のみが重要である。全体主義体制はこれにもっとも近い体制である。国家の首長はそこでは自分を法律に拘束されるとも、自分自身の約束に拘束されるとも感じない。唯一重要なのは彼の意志である。現在時において表明される彼の意志である。野蛮とは他者を私たちと同類の人間であると見なすことを拒否することだと規定するならば、唯一の権力によって支配されるこの世界に、野蛮の十分に完璧な具体化を見ることができる。

いかなる社会もこれら二つのタイプの関係を知っている。非人称的な法によって規制されるタイプの関係か、私人どうしの契約によって規制されるタイプの関係である。しかしそれらはどこでも同じ割合で見出されるわけではない。伝統的社会では、法の領域はずっと限定されている。集団の規模は小さく、皆が皆のことを知っている。紛争の解決は全員で交渉によって試みられる。「血の値段」というものが存在する。殺人の場合、裁判所に訴えることはなく、その代わりに牛二頭あるいは羊一〇頭を獲得する……。こうした交渉はもちろん、近代的な大国家のような複雑で広大な社会においては不可能である。共通で非人称的な貨幣が隣人どうしの物々交換に取って代わるように、抽象的な法が、同じ村の住民間の合意が担っていた役割を演じるのである。

諸社会のあいだのこうしたコントラストは、現代の世界においても消え去っていない。ブルガリアで過ごした青春時代、私は法の適用を取り巻く不確実さにいつも苛立っていた。部分的には「東洋的な」伝統によって、部分的には全体主義国家の過酷な状況から逃れるために、ブルガリア人は絶えず交渉の誘惑に駆られているように思われた。どこでとどめておくべきかまったくわからなかった。つっけんどんな役人は賄賂を握らせることができれば、にこやかになった。行政上の障害物は、親戚か友人の友人がいて適当な人に口をきいてもらえば、迂回することができた。これらすべては疲労と欲求不満の元だった。フランスに生活しにやってきたときの私の安堵感はいかばかりであったことか。そこでは生活は万人に共通した一定の規則に従ってくり広げられていた！　たしかに、その代わりに、人間関係はいっそう距離があり冷ややかであった。しかし私はこれに慣れていった。しかしながら、それから数年後、コントラストは思っていたほど大きくはないことに気づいた。私の帰化申請書の提出の際――おお、いかに象徴的なことか――、私は二人の未知の人物の訪問を受けた。彼らの説明によれば、彼らは警視庁で働いているとのことだった。彼らは報酬を支払えば、私の手続きを速めようと提案した……。つまり、ブルガリアの生活習慣はフランスでも未知ではなかったのである！　こうした行為（私はこれがマージナルなものであると信じたい）が法律によって支配された社会で行なわれたのであって、したがって個人を相互に近づけることも、さらに大きな人間的な熱気を導入することも許さなかったということを除けばである――まったくの逆であった。

まったく異なったレベルであるが、数十年前から欧米民主主義のなかにある変化を観察することができる。契約の領域を拡大し、法律の領域を減少させようとするのである。このことが同時に意味しているのは、人民の権力を制限し、個人の意志を自由に発揮させるということである。この変化はとりわけ労働の世界で顕著である。経営者はしばしば、自分たちの行動の自由を妨げる過剰な規則を非難する。彼らは契約について社員と直接に交渉することのほうを好むだろう。事態は裁判にも広がっている。誰かに損害をもたらしたときには、損害の埋め合わせをし、被害をこうむった人に賠償するならば、有罪判決を免れることが可能となる。たしかに、このやり方をすれば、裁判所にいっぱいいたまった仕事を軽減することができる。しかし犯罪は誰かに迷惑をかけるだけではない。それは共同生活の規則への違反、社会という織物に走った裂け目でもある。そしてこうした損壊は賠償によって埋め合わせすることはできない。返済することのできる者は、いっさいの懲罰を免れる。彼は割れた壺の支払いをするだけで十分である。貧しい者たちだけが、刑務所に入れられるのである。

この変化は経済のグローバリゼーションとともに大きな推進力を受け取った。理想的には、経済はいかなる国家にも、いかなる法制度にも所属しない。つまり、経済は契約をもっぱらとするのである。経済にとって国はどうでもいい。それがかかわるのは、つねに、そして唯一、個人――全員が似ており、全員が同じ物質的利害によって動かされる個人である。パートナーの一方と他方の力の不均衡は、しかしながら著しい。すなわち、強大な多国籍企業と職を求める失業者は、実際には同じカテゴリーには入らない。保証人としての神の代わりに、見出されるのはもはや国家ではない。市場である。つまり、交換様式そのものであり、これが市場自身の根拠となる。ラコルデールの言い回しは、ここでそのいっさいの妥当性を獲得するのである。

意味の喪失

似たような変化は労働の世界のなかで観察することができる。遂行された行為は、それが財を生産するのであれサービスを提供するのであれ、これを実行した者たちに代償をもたらす。この代償はもちろん給与を含んでいるが、同時に彼らの精神的で社会的な安定への寄与——形式化されていないが、劣らずに重要である——を含んでいる。たったひとりで働く者、すなわち職人や芸術家でさえ、自分が有用になるという意識の恩恵に浴している。その職業において、人々に直接に語りかけることがない者でさえ、自分の努めを仕上げることに成功したならば、しかるべくなし遂げられた仕事——まっすぐな壁、しっかり閉まるドア、ふたたび動きはじめる自動車——のなかに満足感を見出す。この感情がなおいっそう強化されるのは、たいていの場合がそうであるが、企業や行政のなかで集団的な作業に参加するときである。そこでは個人は共同体に属している。同僚が彼に与える承認は、実存しているという彼の感情をさらに強くする。これら共同で生きられた時間は、快い（それらの時間が快いとき……）ばかりではない。それらの時間は個人のアイデンティティを構築するのに必要なのである。企業はこれらの時間を機械的に産み出すわけではない（上機嫌を命じることはできない）。だがそれは、人格の充実と開花を可能とする客観的な条件を保証することができる。

新自由主義の教義に潜在する人類学によれば、経済が社会生活を支配しており、物質的な収益性が経済を支配しているが、この人類学は労働の世界に強い影響を及ぼしている。この影響は他の人間的活動のなかでの労働の位置のみならず、労働のなかでの今述べた象徴的な利潤の位置にもかかわっている。企業スタッフにより大きな「柔軟性」と「可動性」を押しつけるという新しい要求は、労働それ自体がこうむった変動の格好の例である。よりよい生産性を獲得するために、習慣的な行動と型にはまった判断が身につかないように、しばしば従業員のポスト変えたり（柔軟性）、働く場を変えたりする（可動性）。このようにすれば彼らはよりよく働くだろうと考えられる。彼ら自身、よりよい給与の誘惑に駆られるかもしれない。さらに、これらの概念は、懐古趣味や世間一般の保守主義とは対照的に、現代性と効率の証拠と化した。つまり、これらの概念のグローバル・コストについて自問することもなく、人はこれに服従する。かくして、フランス・テレコム社〔フランスの主要通信事業者〕では、数百人の幹部が半年ごとにポストを変える。その結果、柔軟性の要求は、長期の実践を通じて獲得される専門知識への要求を忘れさせるのである。

柔軟性の影響の一つは、日々構成される社会的ネットワークが、したがって個人のアイデンティティそのものが弱体化するということである。労働はなし遂げるべき抽象的な努めであるだけでなく、人間関係、共通の慣行、義務、禁止からなる生きた環境でもあるということが忘れられている。他の面ではしばしば家庭生活に深刻な打撃をもたらす可動性の影響は、なおいっそう壊滅的である。その結果、同じフランス・テレコム社では、うつ病やその他の障害についてはいうまでもなく、二〇か月で二五名の自殺者を数えることがあった。フランス共和国大統領によって発せられた「もっと稼ぐためにもっと働く」というスローガンが、いかなる点で物事を単純化しすぎており、的はずれであるかを理解することができる。もっと稼ぐことはいいことだが、もしそれが崩壊した家庭生活、労働における意味の喪失、承認の欠如を代償としているならば、骨折り損ではないかと疑うことができる。

同じ方向に向かうのが、人が行なう他のすべての活動よりも労働を重視することへの要求である。昇進させられる「よい」社員とは、緊急の会合のためにパーティを犠牲にし、翌日の書類を用意するために週末を犠牲にする心構えのある人である。彼の家庭生活はその被害を強くこうむる。二親、だがとりわけ父親たちが責任ある立場にあるとき、彼らが子供たちに会うのは、もう日曜日の朝でしかない。このことは、それほど容易には家庭生活を犠牲にできない女性の職業上のキャリアにとっては問題となる。しかしある種のフェミニストは女性たちにこの道へと鼓舞する。ドイツのある女性ジャーナリストは責任ある高い地位に従事したあとで、自国ではかくもわずかな企業においてしか女性が重役会議に参加していない理由を問い、つぎのように確認して遺憾の意を表明している。「高等教育を修了し、いわゆる解放された女性ですら、専業主婦というモデルに順応する快適さから、子供たちに専念することを選択するのである。」(2)

このような発言が言外に意味しているのは、自分のキャリアの一部を犠牲にして別種の開花によって人生を充実させようとする女性は、実際には解放されてはいない、つまり自由ではないということである。つまり、女性に対して、すでに時代遅れの、さらに戯画的でもある男性的モデルを投影しているのである。この男性的モデルでは、問題なのは職業上の成功であり、自由は愛着の欠如、空虚な感情生活として受け取られている。女性が家にとどまることを選択することができるのは、怠惰とだらしなさによってでしかないというのは、女性が子供への関係を生活の充実化とは見なしていないからである。要するに、「専業主婦」という脅し文句は「子供たちに専念する」という事実を非難するためにある。あたかも、この活動は隔離の刑であるかのようであり、また問題なのは「あるいはまた、あるいはまた」という二者択一でしかないかのようである――それに対し、今日、大半の女性は仕事をすることと自分の子供たちといっしょに楽しく過ごすこととを望んでいる。実際には賢明さであるものを理由として女性を非難するよりもむしろ、特別に豊かな体験である子供たちとの相互作用にもっと身を捧げるために、夕方の会議と家での書類の準備を少し減らすなどして女性を模倣しようとしない男性を叱責すべきだと、私には思われる。

そう言えば、流行のもう一つ別のスローガン、「国家を企業のように経営」しなければならないと示唆するスローガンが、いかに好ましくないかをもまた確認することができる。このスローガンは、国家のさまざまな業務を物質的収益性というただ一つのパースペクティヴで取り扱わなくてはならないということを意味する。すでに見たように、それは企業の両面の一つでしかない。他方の面は、企業で働く人々がそこから引き出す象徴的な利潤である。しかもそのうえ、国家は公共機関の窓口であるばかりではない。国家は固有の象徴的な力を所有している。というのも、それは神の位置を占めているからである――なるほど、崇拝の対象としてではなく、合法性と与えられたことばの保証者としてではあるが。同じく、社会の内部で連続性を保証するのも国家である。人間は過ぎ去り、国家は残る。いっそう遠い未来と非物質的な価値を気にかけることができるのも国家である。その規制と再配分の機能を超えて、それは共同生活に枠組みを与える。そして、この枠組みは私たちの日常的行動を相互に関連して位置づけることを可能にする。国家が社会事業や雇用支援のような機能を往々にして委任する民間業者は、最善の意志をもってしても、この象徴的な役割を引き受けることはできないし、この余分の意味をもたらすこともできない。国家自身の目標は収益性ではない。国民の幸福である。目指される目的におけるこの差異は、行政にも、学校や病院のような機構にもかかわっている。

マネジメントの技術

数十年前にフランス語の語彙に入った「マネジメント」という語は一般に、企業をいっそう能率的にすることを目的とした、企業の組織化と管理の技術の総体を意味する。しかし今日の新自由主義の世界では、この用語はこれらの技術のうちの一部のもの、問題の組織体をあるきわめて明確な方向にみちびく技術にとくに適用される。以下、これらの技術のいくつかを図式的に列挙したい(3)。

1　職務の解体

この実践は、労働の遂行能力を改善すると見なされる技術が発展するのが見られた二〇世紀の初頭以降、有名になった。この実践を指示する語はテーラーリズムとフォーディズムである。職務の遂行に必要な行為の「科学的」分析によって、行動の本質をなす運動と、それらの運動の最適の連鎖とが特定される。このことが生産性、つまり利益を増大させることを可能にするのである。ところで、今や問題なのは、チャーリー・チャップリンが『モダン・タイムズ』で不朽にした機械的な動作ではもはやない。職務は今や無形である。個々の行為の特性が、その数が明確にされることによって特定される。すなわち、これには七つの次元があり、あれには九つの段階、別のものには四〇のパラメータがある。これらの面のそれぞれは、分割できない基本的な実体として示される。そしてそれぞれの面は標準的形式と見なされる傾向にある。こうした慣行の利点は二重である。問題になっている切り分けは、でたらめとはいわぬまでも、恣意的であるにもかかわらず、項目をつぎつぎにチェックすることを可能にする。つまり、個々の遂行能力の「客観的」一覧表を獲得することができる。そしてこの非人称的な外観のおかげで、操作の科学的性格を声高に主張することができるのである。

かつて工場で用いられていたこれらの技術は、今日では事務仕事にまで拡大される。若干は偶然によって、私はフランス中央部に位置する大きな地方公共団体の行政機関においてマネジメントの実践の内容を知った。公益事業であるにもかかわらず、この行政機関は企業のように管理されている。つまり、その客の満足を尺度にして判断されるのである――というのも、もし客が満足しないのであれば、企業は危機に瀕するからである！　そうするために、この行政機関は規格化にかんする国際機関に対して四つの証明を願い出る。客が抱くふつうの要求の一種の要約である。それがかかわるのは、(一) 産出される行為の質、(二) 加入者の健康と安全、(三) 環境、(四) 倫理、である。各職員は自分の仕事が雇い主によって署名された証明に一致することに留意し、総合的な一覧表に結果を記入しなければならない。そのうえ、それぞれの証明は、それを専門とする他の職員（〈質〉氏、〈環境〉夫人、〈倫理〉嬢）によって監視される。そしてこれらの「質の検査対象」は、今度は他のフルタイムの職務である二人のアシスタントマネージャーによって指導される。最後に、遂行された仕事が証明に一致していることは、一定の間隔を置いて、事業投資銀行や監査評議会などの外部機関によって評価される。

　こうした全体的な組織化にプラスされるのは、一連の価値である。これらの価値については、すべての職員は同意していると見なされ、共同空間のいたるところに張り出されたパネルが都合よく、これらの価値を思い出させる。（一）表現されるサービスの質、（二）人格への尊敬、（三）模範的であること、（四）仕事への熱意。これらの価値に違反することは、異常の原因となる――これは通報する義務がある。最後に、証明と価値にプラスされるのは、個々の職員に定められた目標である。たとえば、（一）与えられた期間で書類を提出すること、（二）与えられた期間で融資の申請書を送ること。同時に、自己自身に補足的な目標を与えるべく促される。もし自分の目標を一〇〇パーセント満たすならば、年末に優秀職員特別手当を請求することができる……。

　こうした分析は往々にして電子ゲーム（あるいはコンピュータ）に霊感を汲んでいるように思われる。そこではいかなる複雑さも一連の選択に還元され、それらの選択にはウイかノンで答えなければならないのである。操作が上首尾に運ぶならば、人間存在は近々機械によって置き換えられると想像することができる。これは、高速道路の料金所において、まねることが容易な純粋に機械的な動作を行なっていたときにそうであったことにいささか似ている。ここで問題になっているのが肉体労働とは異なった事象であることを除いてである。すなわち、テーラーシステム化が存在するとすれば、それがかかわるのは精神の運動であり、肉体のそれではないということである。個々の証明に添えられている指示が明らかにしているように、この証明が固定するのは要求であって、それらの要求を満足させる方法ではない。つまり、「実施のために大きな自由と柔軟さ」を見捨てるのである。この技術によって産み出される全体的な結果が、精神的操作の機械化である。もはや考える必要はない。慣例に合わせて行動すれば十分である。その全体の合理性は、下部の実行者にとって理解できないものになる。

2 結果の客観性

この第二の特性は、第一の特性にもとづいている。職務の解体を通じて、主観的な判断のいっさいの痕跡が排除されるにいたるからである。そういうわけで、上司から部下、教師から生徒への直接的な関係は、正しい答えをチェックできるテストの使用や質問用紙への回答によって置き換えられつつある。この質問用紙という語は、まさにねらい定められた目標を指し示している。すなわち、あらゆる経験に画一的な解読用格子を押しつけるという目標である。そのうえ、さんざん質問用紙を満たしたので、先生にはもはや個別的に生徒たちの世話をする時間が残されていない。看護師と患者の関係もそうである。人と人の接触は孤独な労働に取って代わられる。解釈の代わりになるのは非人称的な記述である。すべてはあたかも、二人の個人の身体的な出会いが一種の脅威をはらんでいるかのように行なわれる。というのも、この出会いから何が出てくるかを正確には知らないからである。アメリカの哲学者マシュー・クロフォードが、労働の意味にかんする有益な著作のなかで「自由裁量に対する不信」[4]として指示しているものが、これである。ここでは脅威は排除される。だが同時に、その結果、各人が出会いから引き出すことができたアイデンティティの構築に対するいっさいの恩恵も排除される。行動を数字化された要素へとこのように還元することによってアイデンティティを剝奪されて、人間は非人間化される。人間が要求するのは意味である。人間が応えられるのは数字によってである。人間は人格的な承認を必要としている。だが人間は形式化された書類へと還元される。

3　精神のプログラミング

私たちの遺伝子に書き込まれた「自然的な」プログラミングに対して、人間は「人工的な」プログラミング、あるいはむしろ社会的なプログラミングをプラスする。ここでもまた、コンピュータの隠喩が活用される。「テーラーリズムの図式を特徴づける行為の規格化を継承するのは、人格の規格化である」[5]ということもできる。日本の自動車工場の名からときにトヨティズムと呼ばれているのがこれである。そこでこの技術がはじめて作り上げられたのである。そのとき一つの段階が突破される。もはや実行者のすることが－できる *savoir-faire* は頭にない。あるのは（で）あることが－できる *savoir-être* である。動員されるのは実行者の能力だけではなく、彼らの人格全体である。職業生活と私生活のあいだの境界は、ぼやけていく傾向にある。

もし人格を初期化したりプログラミングしたりすることに成功すれば、つづいて彼らの動作の一つ一つを気にする必要はない。標的にされるのはもはや行動ではなく、彼らの脳である――脳は彼らのすべての行動を管理することができるだろう。その結果、個々の従業員はいっそう完全な契約を求められる――彼の精神の契約であって、肉体の契約だけではない。だが、これは狭い枠組みに閉じ込められ、いっさいのイニシアティヴを奪われた精神である。個人はもはや機械のなかの一つの歯車になるのではなく、一つの回路の環にならなければならない。各人の精神はしっかりプログラミングされたコンピュータに似ていると見なされる。それは二つの機械のあいだのインターフェースと化す。ときには文字どおりにである。ある種の企業では、責任者は記録されたデータ（たとえば売上げを示すグラフ曲線）がディスプレイに到来するのを追い、別のディスプレイに結果的に否応なくされる対策（これこれの生産を増強し、別のこれこれは減産する）を書き込む。間もなく、こうした最小限の人間的介入すらもう必要がなくなるような気さえする。

ここで作用している非人間化の無意識的モデルは、問題なのがたとえきわめて申し分のない機械だとしても、機械のモデルである。この点で、全体主義が私たちになじみ深いものにした非人間化と違っている。ナチはその犠牲者を、下等人間に、さらには医学実験のためのモルモットとして活用することによって動物に還元した。共産主義者は自国民を疲弊するまでこき使うことによって奴隷扱いしたのであった。しかしこれらの実践はおたがいに重なり合うことができる。というのも、最終的な結果は同一だからである（テーラーが称賛した者たちのなかにスターリンが数えられていたことを知っても驚くに当たらないだろう）。

トヨティズムは個人を操作するが、個人から意志を奪うことはない。それは個人をロボットのようにしようとはしない（チャップリンの登場人物式には）。各人はまず最初に企業の目標を内面化しなければならない。そして、命令に従うことに満足するよりもむしろ、不測の事態に対処するためにイニシアティヴを発揮することができなければならない。このことは企業の社員に自分が真の責任を負っているような印象を与える。彼らの行為を管理するこのような間接的な方法は、往々にして「ガヴァナンス」、すなわち「行動の規格化の技術[6]」と呼ばれる。固定した規則ではなく、期待される結果をもたらす条件づけである。

4　ヒエラルキーの隠蔽

しかし、各行為者のこの増大する自律の外観にもかかわらず、また押しつけられたヒエラルキーは存在しないという心落ち着かせる言説にもかかわらず、行為の参加者は真の自由を享受してはいない。参加者の欲望はプログラミングされている。彼らはいまや機械のように話す。彼らは現実には典型的なダブル・バインドの状況に囚われている。いかさまであり、目標はあらかじめ決定されているけれども、彼らは自由であることを強いられる――彼らは自律的な仕方で行動することを強いられるのである。拘束は目には見えない。というのも、各人はこのように行動することは自分の利益にかなっていると確信しているからである。自己規制が昔日の素朴な方法に取って代わる。各人が自分自身の主人である。しかし訓練は万人に共通している。命令が発せられるのは、もはや乱暴なリーダーからではなく、強制する権限を持たない組織体からである。コンサルタント事務所、職業訓練所、会計監査室である。法律は存在しないが、ひとりひとりの参加者に対する圧力は、これが徐々に進行し、極言すれば彼自身としっかりプログラミングされた彼の意識とによって押しつけられるがゆえに、ますます強力である。リーダーはもはや命令を出すことはない。だが社員は同時に上（幹部）から、脇（同僚）から、下（利用者、客）から判断される。いずれにしても、従うべき決定は、ある意志の産物だとして提示されるのではなく、理性、事物の本性そのもの、経済の法則、個々の状況に固有の事情によって課せられると見なされるのである。

マネジメントの技術が適用される人々の社会的、精神的な実存の価値低下にもかかわらず、マネジメントの技術は企業のパフォーマンスを付随的にしか改善しない。行政の世界に移し替えられても、これらの技術はより高い有効性を発揮するわけではない。まれに特典に恵まれたとしても、それらの特典はこれらの技術が引き起こす新しい支出によって相殺される。私が話題にしていた組織体においては、管理職と監査の六つのポストである。それに外部評価機関に支払われる鑑定料がプラスされる。質問表と図表に書き込むことが、労働時間のかなりの部分を占めている。かくして、これらの技術を課すことは、あらゆる領域に及ぶかどうかは明らかではないとしても、現在の労働界においては重要な傾向をなしているが、実際には有効性と収益性への配慮を起源としているのではないことがわかる。その存在理由はイデオロギー的な性格を有している。これらの技術は、サン＝シモンの用語では、人間の統治を事物の管理でもって置き換え、自律的な人間的活動に本質的に属する不確実さを排除することを目指している。

すべてはあたかも、こうした公共機関や民間の機関においては、ふつうの人間が自分自身で実施していることを、明確な規則に変化させることが好まれているかのように行なわれる。それ以前の生活では、この職員はしかるべくなし遂げられた仕事から個人的な満足を引き出していた。彼が心がけていたのは、自分の健康も隣人の安全も危険に陥れず、環境を悪化させたり、自分の職業的行為を行ないながら女性差別や人種差別的な性格をもつうさんくさい冗談をいったりしないことであった……。彼は時間どおりに仕事を終えようとさえしていた！　彼の行動の明瞭化やコード化は、彼から自律性を奪い、回路のなかの一要素の役割に還元する。使用される隠語は全体として、現実を暴き出すよりも隠蔽するという効果をもっている。かつてのソ連の官僚の凝りすぎた内容空疎な決まり文句のようなものである。この「規格化」は同時に非人間化でもある。

現代においては、人道に対する罪は、犯罪の階梯のなかでも高度なものとして言及することが好まれている。労働界に広まっている非人間化の実践は、たしかにそれよりもずっと地味である。それが死体の山にたどり着くことはない。しかしながら、人道に対する罪よりもはるかに頻繁であり、自由への欲求、他人への直接的関係への欲求、公益に対する配慮への欲求を妨げることによって、それがかかわる者たちの人間性そのものを知らぬ間に麻痺させる傾向にある。

この変化に直面して、また、たとえばフランス・テレコムにおける自殺のような、そのとくに悲痛な結果に直面して、いくつもの反応が表明された。新自由主義の無条件の支持者は、そこに福祉国家を糾弾するもう一つの理由を見る。すなわち、福祉国家はその市民を柔軟性に対して不向きにすることによって腐敗させた。彼らが自由さに直面して脆弱なのは、彼らの永遠の社会的被扶助者というステイタスのせいである。ふたたび遊牧生活の至福を味わうべきである！　心理学的解釈の信奉者はハラスメントの概念を強調した。すなわち、すべては、自分の部下を辱め迫害する倒錯した快感に身をゆだねるヒエラルキー上の上位者の過ちからやって来る。治療薬は、労働界における人間関係をコード化する、いっそう精密な法体系にある。ハラスメントを行なう者は訴追されることができなければならないのである。だが問題は心理学的なものであるよりもむしろ、労働の組織化、そしてそれを超えて、この組織化の根底にある新自由主義的イデオロギーに関係するのではないだろうか。

収益の上がらない企業はたちまち破産する。したがって、スタッフの内的な充実のために収益性を放棄することは問題になりえない。問題なのは両者のあいだで正しいバランスを見出すことである。経済的な観点からすればよりよい社会環境とは、企業にとって有益な環境のことであるから、なおさらである。しかし国家もまた、その法体系を介して果たすべき役割をもっている。というのも、国家のみが別の論理の名において行動することができるからである。すなわち、国の天然資源のような長期的な見方を考慮に入れ、住民の健康を、あるいは教育に投資する必要を考慮に入れる論理である。今日、ヨーロッパにおいて、効果的な介入の唯一の枠組みは、論理的には欧州連合のそれであるだろう。こうした協定を結ばなければ、ある国の「有徳な」企業は、他国のもっぱら直接的な利益のみを追求する企業との競争に直面して滅びることになるだろう。他の大陸の企業に対しては、穏健で慎重なヨーロッパ的保護貿易主義が、工場のみならず、貴重なものと判断される生活様式をも護ろうとするのであれば不可欠であるように思われる。だが周知のように、この点にかんしては、実践は今のところ理論よりはるかに遅れている……。

法の領域の弱体化、労働の世界における意味の喪失、存在の非人間化は、たとえ、必然的に、事実上これを利用している者たちが、こうした変動を強化するために自分たちの思いのままにできることを行なっているとしても、何人かの謀反人――大資本の大立て者――の陰謀によっては説明がつかない。マネジメントとガヴァナンスの新しい技術についても同じことをいうことができるだろう。これらの変化の全体は、意識的な個別的主体によって開始されたのではない社会の変化の結果である。その代わりにはっきりしているのは、新自由主義のイデオロギーの機械的な結果ではないけれども、これらの変化はこのイデオロギーによって可能となったということであり、逆にこれらの変化が新自由主義的イデオロギーを育んでいるということである。これらの変化は、目的――存在の開花、意味と美しさに富んだ生活――の忘却、および手段――繁栄する経済（経済的繁栄は本当にその社会に役立つのだろうか）――の神聖化によって特徴づけられる世界においては、また企業を唯一、証券取引の価値に還元する世界においては、論理的である。

マスメディアという権力

私はいまや個人の専横の最後の形態について語ろうと思う。もはや経済的な形態ではなく、社会的な形態である。国家内部の諸権力の列挙において――諸権力を分離しなければならないのは、それらが相互に制限し合うためである――、モンテスキューはすでに伝統となっていた分類に従って、三つしか採り上げていない。立法権、行政権、司法権である。近代民主主義社会においては、それらに他の二つの権力形態を付け加えるのが習慣となっている。経済とメディアである。つまり、私に言うべきこととして残されているのは、後者について何ことかである。

表現の自由は往々にして幾多の価値の一つではなく、いっさいの民主主義の土台そのものと見なされている。最初、デンマークで、ついで世界中で、盛んに話題となったある事件、預言者ムハンマドの風刺画事件に際して、表現の自由について、これは「デンマークの第一の価値」であると読むことができた。この場合、いっさいの制限を拒否すべきなのだろうか。[7]

表現の自由が必要であると明白に思われるのは、行政によって手ひどく扱われ、その前ではすべての門戸が閉ざされ、残されている唯一の有効な手立てとして、自分がその犠牲になっている不正を、たとえば新聞の読者に知らせることによって公にするしかない、そのような孤立した市民を私たちが思い浮かべるときである。しかし、そうすることによって、私たちは責務を過度に単純化している。むしろ、表現の自由を熱望する言葉が、反ユダヤ主義者のドリュモンのそれであったり、中傷プロパガンダみたいなものであったり、または偽りの情報を広めることであったりする場合を想像してみよう。また孤立した個人ではなく、テレビ・チャンネル、ラジオ・スタジオ、新聞を所有し、それらを使って望むがままのことをいわせることができるメディア・グループのことを考えてみよう。それらが行政の統制を免れていることは、おそらくよいことである。だがそれらの影響があますところなく有益であるかというと、それはもっと疑わしいように思われる。

表現の自由はたしかに民主主義の価値観のなかにその場をもっている。だがどうしてこれを民主的価値観の土台とすることができるのかは、よくわからない。表現の自由とは完全な寛容の要求である(何を述べても、これを容認できないとは宣言されえない)。つまり、すべての価値の一般化した相対主義である。すなわち、「私はいかなる見解も公的に擁護する権利を要求する。いかなる理想をもけなす権利を要求するように」である。ところで、それぞれの社会は共有された価値観という台座を必要としている。その価値観を「私は私が欲することをすべて言う権利をもっている」で置き換えることだけでは、共同生活の基礎を築くには不十分である……。明らかに、ある種の規則を免れる権利は、ある集団の生命を組織する唯一の規則ではありえない！「禁止することは禁止されている」は気の利いた表現であるが、いかなる社会もこれに従うことはできない。

国家はその市民に選択の自由を用意すると同時に別の目標をもっている（あるいは、もたなければならない）。すなわち、市民の生命、市民の身体的な完全さ、財産を保護し、差別と闘い、共通の正義、平和、幸福のために活動し、すべての市民の尊厳を擁護することである。そういうわけで、バークがよく知っていたように、言葉やその他の表現形態は、社会が同意する他の価値のゆえに強制されるさまざまな制約をこうむる。

表現の自由の絶対的性格にかんするこれらの留保を重んじるならば、もう一方の極端に行き、法が、あるいは公権力が、すべてを統制することを要求せざるをえないのだろうか。放縦なカオスと教条主義的な秩序のあいだで選ぶことを強いられるのだろうか。私はそうは思わない。問題なのはむしろ、表現の自由はつねに相対的であることを肯定することである――状況に対して、自己表現の仕方に対して、自己表現をする者と彼の発言が記述する者のアイデンティティに対してである。自由の要求はコンテクストにおいてのみその意味を獲得する――ところで、コンテクストは著しく変化する。

どこで表現はなされるのか。ひとは本――本は買って読まなければならない（まれで難しい行為！）――と、新聞記事やテレビでの発言に同じ要求をもって接近するのではないだろう。風刺的な出版物と生真面目さで評判の日刊紙、ケーブルテレビで流されるマージナルな放送と午後八時のニュース番組は、同じ要求をもって接近されることはない。ちょっとした事件が影像に関連するこのような差異を例証している。ベルギーのシャルルロワの写真美術館が、二〇〇六年秋に、ある日本の写真家〔荒木経惟〕の展覧会を企画した。この写真家は縛られた裸女を撮ることを得意としている。展覧会は美術館のファサードを飾る巨大なパネルによって予告される。町の数人の住民が抗議をする。美術館長は、自分は抵抗する、批判する者は入らなければいい、と宣言する。ところで、ギャラリーにおける写真と通りにおけるポスターの写真という二つの状況の相違は明白である。ギャラリーに入ることは、自発的な選択を前提としている。ポスターを見るためには、この地区を通るだけで十分である。この表現の自由の行使の内容については、女性の代わりに何らかの「目に見える少数派」の代表例、たとえば黒人の場合を、ちょっとのあいだ想像してみよう。あるムッシューが、縛られた裸の黒人の写真を撮ることに抗いがたい欲動を感じると認めるかもしれない。だが彼の展覧会は同じような熱狂をかき立てないこともありうるだろう。最後につぎのような逆説を指摘しよう。すなわち、自由の要求を例証しているのが縛られた女性だということである……。

いかにして表現はなされるのだろうか。科学的な論争や出版物はいっさいの統制を免れなければならない。なぜなら、それが真実の探求の条件だからである（見出される結果によって罰せられるリスクがあるのであれば、ちゃんとした研究はできない）と同時に、このタイプのテクストが公衆に対して及ぼす直接的インパクトは弱いからである。つまり、過去の特定の事実を神聖視する記念法に反対することができるが、人種間の、または男女間の不平等の生物学的基礎にかんする研究はかならずして公刊を差し止められる可能性がある――ここにはいかなる禁止もない）。

も禁止してはならないだろう（反対に、これらの研究は科学的に無価値であるがゆえに編集長によっ

芸術家の状況は異なっている。現代の自由主義的な民主主義は、芸術創造は絶対的自由を必要とすると見なしている――これはおそらく極端な表現である。というのも、絶対的自由は芸術と非‐芸術のあいだの徹底的な断絶を公準としているからである。あるいは、絶対的自由は芸術の奇妙な価値低下を含意している。自由主義的な民主主義が何をいおうとも、芸術作品は社会の命脈に何の影響も及ぼさないことが前もって決められているからである。逆説的に、ある種の画家を禁止したり、ある種の作家の書物を燃やしたりした全体主義体制は、芸術作品の作用にたいしてはるかに大きな尊敬を示していた。共産党の書記スースロフは『人生と運命』の内容を知ったのち、ワシーリー・グロスマンを召喚した。彼はこの書物を政治体制にとって危険であると判断した。「なぜ、われわれの敵がわれわれに対して準備している原子爆弾の上にさらに、あなたの本をつけ加えようというのかね。」[8]この時代とこの時代の禁止を懐かしんではならない。しかし、いかなる検閲も設けようというのではないが、一冊の本や一枚の絵が読者や観衆の精神に対して及ぼしうる影響が是か非か公的に討議することは当然ではないだろうか。

公的発言の自由

これら二つの特殊ケース――科学と芸術――は別にして、これからは、いっそう直接的に行動を呼

びかける政治的言説が享受している自由について問いかけなければならない。たとえば人種的憎悪や暴力への教唆を取り締まる法律がかかわっているのが、これである。

もっとも重要なコンテクスト上の要素は、表現の自由を要求する者と表現の自由の対象者が誰であるかにかかわっている。まずはじめに重要なことは、おたがいが自由にできる権限の広がりである。自己表現する権利をもつだけでは十分ではない。何といっても、その可能性をもたなければならない。可能性がなければ、この「自由」は内容空疎な語でしかない。すべての情報、すべての見解が、一国の巨大マスメディアに同じ容易さをもって受け入れられるわけではない。ところで、権力者の自由な表現は声のない人々によって不幸な結果となりうる。アラブ人は皆、社会にとけ込めないイスラム原理主義者であり、黒人は皆、麻薬の密売人であると言う自由があるならば、彼らは監視されずには、仕事を見つける自由も、さらには通りを歩く自由さえなくなるだろう。

この問題は新しくはない。それはすでにギリシア民主主義の時代にくり返されていた。こうしたタイプの体制では、公共の問題でたどるべき動きを決めるのは多数派である。ところで、市民の大多数はかならずしも見識があるわけではない。それぞれの人が自分自身の心配事を抱えており、公共の問題についてはそれほど知っているわけではない。しかも公共の問題はしばしばきわめて複雑である。だから彼はえてしてもっとも有能な人々の忠告を聞く。ところで、彼に有能と見えるのは、かならずしもすぐれた知をもっている人たちではなく、魅力的な仕方で彼に語りかけるすべを知っている者たち、つまり演説の名人、ソフィストである。民主主義は常時、デマゴギーに脅かされている。すぐれた話し手は、いっそう思慮分別はあるが、それほど雄弁ではない助言者を犠牲にして、多数派の確信

（と票）を奪い去るおそれがあるのである。

すでに古代において存在していたこのデマゴギーの脅威は、マスメディア――新聞、ラジオ、テレビ、現在ではインターネット――の遍在のおかげで現代においては激化させられている。言葉やイメージを巧みに操ることによって自分を押しつけようとする欲動は、この遠い時代から変わっていないが、そのために使用される道具は今日、比べものにならないほど強力である。この観点からすれば、メディアも武器も事情は同じである。私たちのどう猛さは募っていない。しかし人命や建物を破壊する私たちの能力は、ローマ人や北方蛮族とは比較を絶している。動きは私たちの目の前で加速していく。一方の核兵器に対応するのは、他方の、送信につづく数秒以内に至るところで受信される地球規模のメッセージである。一世紀のあいだに、それ以前の二〇〇〇年における以上に重要な変化が起こった。それまでは、語りかけることができるのは、ホールや公共広場において、あるいは――著しい改善である――書かれたジャーナリズムの読者に対してであった。今日、ニュースは、どんな境遇の、どんな国の、学者にも教養のない人にも語りかける。そしてそのうえ、瞬時である。その情報源はもちろん多岐にわたっている――しかしだからといって、すべての情報源が同じ力を駆使できることにはならない。

私たちは自分だけで自分の決定をすると信じている。しかし、もしすべての巨大マスメディアが、朝から晩まで、来る日も来る日も、私たちに同じメッセージを送るならば、私たちが自分の見解を形成するために使用できる自由の余白は、ごく限られてくる。私たちのやむにやまれぬ行動への衝動は、私たちが世界についてもっている情報を根拠にしている。ところで、これらの情報は、仮に偽りではないとしても、私たちを他の結論ではなくこれこれの結論のほうへとみちびくために選別され、分類され、再編成されて、言葉や視覚的なメッセージへと構築されている。しかし情報メディアは集団的意志を表現しているのではない。そして幸運なことだが、個人は自分自身で判断できなければならないのであって、国家を起源とする決定に迫られてであってはならない。ただ現状においては、国家から発せられたのと同じように画一化されてはいるが、ただひとりの個人、または一つの個人の集団によって決定された情報を受け取るおそれがある。今日では——莫大な金があれば！——、テレビのチャンネルを一つ、あるいは五つ、あるいは一〇、プラス、いくつものラジオ放送局、プラス、いくつもの新聞社を自分のために買い、それらに自分が望んでいることを言わせることも可能である。今度は、それらの消費者、読者、聴衆、観衆に、自分が望んでいることを考えさせるためである。

もちろん、マスメディアのボスは、自分の帝国の収益性にも配慮しなければならない。プロパガンダの普及だけにとどまることはできない。だが彼がこのプロパガンダに他の販売を促進させる内容（スキャンダル、セックス、暴力）を巧みに交えることを妨げるものは何もない。にもかかわらず、最終的な結果は、彼はもはや説得するのではなく、操作しようとしているということである。そして、これはもはや民主主義ではない。金権主義である。権力を掌握しているのは人民ではない。端的に金銭である。権力のある個人は大多数の人々に自分の意志を好きなだけ押しつけることができるのである。

時事的な事柄から引いた一例を採り上げよう。ルパート・マードックのメディア帝国に属しており、ロンドンで発行される低俗週刊誌である『ニューズ・オヴ・ザ・ワールド』が、その調査方法によってスキャンダルを引き起こし、警察の捜査の対象となった。この機会に、人々はいかに政権とメディア権力が絡み合っているかを知った。英国政府の現在の最高責任者であるデーヴィッド・キャメロンはマードックのヨット上でバカンスを過ごしていた。彼の広報局長は今日、糾弾されている雑誌のかつての編集長である。雑誌のジャーナリストたちはスコットランド・ヤードの警察官に数万ポンドをばらまいた。このことによって、ジャーナリストたちは秘密情報にアクセスすることが保証されたが、合法性の限界すれすれで彼らの調査を行なうことに一定の保護が与えられることも保証された。選挙の際、同グループのすべてのメディアは、テレビ・チャンネルももっていたが、敵対する労働党にねらいを集中した。保守党のキャンペーンの勝利はこれらのメディアに大きく負うことになった。このことは、別の機会に、ブレア労働党内閣と良好な関係をもつことの妨げにはならなかった。マードックはブレアの反テロリストの十字軍に賛成していた。「内閣の二四番目のメンバー」と大っぴらに形容されるほどだった。彼の数々の貢献は、それと引き替えに、政権によってさまざまな恩恵を与えられることによって報いられた。同じメディア帝国は、フォックス・ニューズのようなテレビ・チャンネルを通して合衆国の政治生活においても第一級の役割を演じている。

メディアの影響力のもう一つの例は、カタールのテレビ・チャンネルであるアルジャジーラがアラブ諸国の政治的変化に与えている途方もない影響力である。ところで、アルジャジーラは、チャンネルが奨励することを選んだ政治的ラインに沿って方向づけられた豊富な情報を提供するだけでは満足しない。かくして、アラブの独裁者の失脚はこのチャンネルに多くを負っている。しかしそれはイスラム教の宗教的な決定機関を批判することも、サウジアラビアを批判することもけっしてない。

幾多の権力の一つである公的な発言はときに制限されなければならない。正しい制限と悪しき制限を区別することを可能にする基準はどこに見出すべきなのだろうか——とりわけ、語る者と語られる者のあいだの力関係においてである。目下の権力者を攻撃するか、大衆の怨恨にスケープゴートを指定するかで、同じ功績があるわけではない。報道機関は国家よりも無限に弱い。だから国家を批判するときには、表現の自由を制限するいかなる理由もない。フランスで、メディアパールというサイトが財界勢力と政治的責任者とのあいだで共同謀議があったと暴露するとき、自分がねらい打ちされていると感じる者たちが何をいおうと、報道機関の身振りには「ファシスト的」なものは何もない。その代わりに、報道機関は個人よりも強力である。だから「メディアによるリンチ」に陥るならば、権力の乱用を犯すことになる。反権力としては、表現の自由は貴重である。権力としては、今度はみずからが制限されなければならない。

公共のメディアが国家によって統制されている国では、新しいテクノロジーが情報を得るチャンスを開きつつあることがわかってきた——中央集権化されたいっさいの統制から逃れる社会的ネットワークへの接続のおかげである。フェースブックとツイッターのおかげで、情報は中国中を駆けめぐり、政治局の統制を失敗させる。二〇一一年、近東および中東のアラブ諸国では、この同じニュースの普及形式が政治的変動を容易にした。個別的に捉えられたひとりひとりの個人は無力である。しかし情報の共有は抑圧的な政府を覆すことを可能にした。ここにはいかなる権力の乱用もない。しかしながら、ほかの状況においては同じ道具が服従させることに役立つことがある。ネットワークのすべてのメンバーが支配的な大物の見解を従順に伝達するならば、結果は順応主義の強化であり、社会通念からの解放ではない。被支配者の手中で解放の手段であったものは、支配者の手中では服従の手段と化すのである。

二〇一〇年一〇月、一連の文書がアメリカ政府とは別個の筋、すなわちウィキリークスのチームによって公にされた。人々はそこで、いかに、イラクを占領しているあいだ、あらゆる種類の暴力――殺人、レイプ、拷問、嫌がらせ――が日常的に行なわれていたか、そしていかに、それらの暴力がアメリカの民間と軍部の当局者からの反応をほとんど惹起しなかったかを知ることになった。だが彼らはそれらの暴力を知らないわけではなかったのである。これらの暴露に対するアメリカ政府の反応は奇妙なものだった。アメリカ政府は機密漏洩の出所と、漏洩したことを広めた者は誰であるかを発見することにあらゆる努力を注ぎ込んだ。彼らを裁判に引きずり込むためである。情報源と想定された兵士ブラッドリー・マニングは逮捕され、グァンタナモに収容されているテロリストのように、危険な犯罪者扱いされた。彼はハラスメント、辱め、心理的拷問をこうむった。それに反して、アメリカ占領軍によって行なわれた犯罪行為については、ひとことの遺憾の言葉も発せられなかった。犯罪行為の責任者は誰ひとりとして暴露の結果として糾弾されたりはしなかった。この機会に言われえたこととは逆に、ウィキリークスの「漏洩」には「全体主義的」なものは何もなかった。共産主義体制が透明化したのは、弱い個人の生活であって国家の在り方ではなかった。

無制限な表現の自由の擁護者は、権力者と無力な者との区別というこの基本的な区別を知らない。このことは彼らが大成功をおさめることを可能にした。二〇〇五年にムハンマドのあらゆる風刺画を発表したデンマークの新聞『ジランズ・ポステン』の編集者は、五年後にこの事件を見直し、謙虚にも自分を火刑台で焼かれた中世の異端者、全能の教会の徹底批判者であるヴォルテール、両大戦間のヒトラーへの敵対者、ソ連の権力によって抑圧された反体制者になぞらえる。つまり、犠牲者の形象は今日、抗しがたい魅力を発揮するのだ！　こうしながら、このジャーナリストが忘れているのは、表現の自由の勇気ある実践者たちは、その時代の教権や俗権の保持者と闘っていたのに対し、彼自身は自国の政府の賛同も国民の大多数の賛同も得ていた立場を擁護していたということ、そしてこれらの攻撃の目標は自国の支配的な力ではなく、差別された少数派であったということである。

表現の自由に限度を設けることは、検閲の創設を請願することを意味するものではない。問題なのはむしろ、情報と主張を普及させる力をもっている者たちの責任に訴えることである。この責任は駆使できる権力とともに増大していき、それに比例して控え目な態度が必要とされるだろう。五〇〇部販売された本には、五〇〇万の読者に読まれている新聞や五〇〇万の視聴者が見ているテレビ・チャンネルほどの拘束がのしかかることはない。同じ理由で、政府のメンバーは、ましてやその最高責任者は、差別的で外国人嫌いですでに有名なある党の党首より以上に、自分の言葉を吟味しなければならない。ここで規則はつぎのようなものであると思われる。すなわち、表現の自由は、駆使できる権力が弱ければ弱いほど例外措置をこうむることは少なくなる、ということである。というのも、その場合、表現の自由は反‐権力を構成するからである。表現の自由を標榜する者たちがすでに政治的または経済的な次元で強い立場を占めていればいるほど、表現の自由はじっくり詮索しなければならない。その場合、表現の自由は権力の乱用を引き起こすおそれがあるからである。

自由の制限

政治的メシアニズムと新自由主義は、一見したところ、二つの対立する傾向に属している。前者は国家の介入する能力を立証し、後者は国家の漸進的な消滅を立証している。すべてはあたかも、一方の強さは他方の弱さの埋め合わせをするかのように、あるいはその弱さを隠蔽するかのように行なわれる。外国での軍隊の勝ち誇った行進に対して好対照をなすのは、自分自身の領地に対する国家の無力である。アメリカ大統領オバマにとって、リビアを爆撃するほうが、自国の社会保障の改善を受け入れさせることよりも、はるかに簡単なような気がする。

しかしながら、諸原則――だがこれらの原則は民主主義精神に固有のものである――からの民主主義精神のこれら二つの方向転換はまた、一つの共通の土台をもっている。それは、人間はつねにどこでも同じ権利を備えていると見なす人間の概念である。そのうえ、両者はペラギウス派の遺産から生じる。問題なのが国家の行動であろうと個人のそれであろうとも、内在的ないかなる限界をも行動に押しつけることがないからである。したがって、政治的メシアにズムは苦もなく新自由主義の教義と結びつく。すでに引用したように、イラク介入のための基礎を築いたホワイト＝ハウスのパンフレットがその時代に例証していたのが、このことであった。すなわち、人権が「自由企業」と同じ資格でイラク介入を正当化したのであった。ところで、約束している開花の代わりに悲嘆をもたらす政治的メシアニズムを抑制しなければならないように、個人の自由にも制限を設けなければならない。

民主主義的原則はすべての権力が制限されることを望む。国家権力だけでなく、個人の権力をもである。そこには個人の権力が自由の装いを呈しているときも含まれる。雌鶏がキツネを攻撃する自由とは冗談である。というのも、雌鶏には攻撃する能力がないからである。キツネの自由が危険なのは、キツネのほうが強いからである。主権を有する国民は、みずからが確立する法律と規範を通して、万人の自由を限定する権利を有している。というのも、自由は脅威となりうるからである。個人の専横は国家のそれよりも血みどろではないことは間違いない。しかし個人の専横もまた、満足すべき共同生活にとって障害である。私たちが「あらゆる国家」と「あらゆる個人」のあいだの選択のなかに閉じこもることを強いるものは何もない。私たちは両者を擁護する必要がある。それぞれが他方の乱用を制限するからである。

今日、個人の力の著しい増大を考慮に入れなければならない。テロリズムがその極端な例を提供する。テクノロジーの進歩は、危険な武器の製造を私人のグループにもアクセス可能にする。以前は、国家のみが、それも最強国に数えられるような国のみが、ニューヨーク、イスタンブール、あるいはマドリッドの爆発のような複雑な行動を組織することができた。ところで、それらは数十人の人間の仕業なのである。たとえ同一視は強引であるように見えるとしても、テロリスト個人を制圧するために必要なもの、つまり効果的な国家は、経済やマスメディアのような他の領域における超強大権力をもつ個人の行動を抑えるためにも必要であることは明らかである。社会は、今日、行なっている以上の有効性をもって、情報の多元性を保証しなければならない。政府の最高責任者が、イタリアにおけるように、同時に数多くのマスメディアの所有者であるような状況は、許されるべきではないだろう。グローバリゼーションについても同様である。経済は資本が流通し、交換が頻繁に行なわれれば繁栄する。しかし経済は人間生活の最後の意味ではない。共同で決定された政治的で社会的な要求に経済を従わせるのは、結局、その全体としての社会である。問題なのはグローバリゼーションを妨げることではない。その歪んだ影響力を警告することである。この観点からすれば、人権の擁護と市場経済のあいだにはある種の類似性が認められる。すなわち、いずれもが必要であるが、同時にいずれもが別種の介入によって均衡の取れたものにならなければならないのである。

定義からして、組織化されたいかなる社会もその住民に無制限の自由を認めることはできない。というのも、社会は法律集を備えているからである。この無制限の自由という極限のもっとも近くに位置するのは、全面的な無政府状態が支配している国だろう（もっとも、ここでは「支配」という語はもはやふさわしくない。まさしく何も支配していないのだ！）。だが無政府状態の国はこれまでに存在したことはあるのだろうか。これが内戦、つまりすべての中央権力の崩壊によって、荒廃した国の場合だろう。バンジャマン・コンスタンは晩年につぎのように書いている。「私は四〇年間、同じ原理を擁護してきた。宗教における自由、哲学における自由、文学における自由、産業における自由、政治における自由、つまりすべてにおける自由である。そして自由によって私が理解しているのは、個体性の勝利である。[9]」彼の理論上の立場は無政府主義の理想すれすれである。しかし彼はこの「すべて」のなかに裁判の分野や国防の分野を加えることを控えている。この連続体のもう一方の極端に見出されるのは、習俗と行動の分野でも、経済活動の分野でも、抑圧的で拘束力をもった体制、権威主義的な体制、もっといえば全体主義的な体制である。しかし無政府主義者における自由の場合と同様、そこでは禁止は全面的ではありえない。さもなければ、いっさいの生活が停止するだろう。いずれの場合でも、問題なのはむしろ、現実よりもむしろ調整の思想である。

穏健な体制のほうは、つねに自由と制約の配分を操作している。そもそもこの配分が、もろもろの体制のなかで、左に傾斜する体制と右派を自認する体制とを特定する鍵を提供するのである。というのは、前者の場合は、行動に対して最大限の自由を認めなければならないからである。検閲、タブー、道徳でさえ、歓迎されない。それに反し、経済的な自由は国家の介入によって制限されなければならない。後者の場合は逆である。習俗の次元ではもともと保守的である右派の政府は、個人の経済活動にあますところなき自由を認めることのほうを好む。それはまた新自由主義の教義が推奨するものである。左派は人の自由な交通に好意的であり、右派は資本の自由な交通に好意的である。しかし意味深長にも、いずれもが両者を同時に要求してはいないのである。まるである次元での禁止が、他の次元で自由を埋め合わせるために必要であるかのようである。この分野別に異なったアプローチはまた、これを実践する人々に困難を生じさせる。すなわち、ある領域では自由の主唱者の役割を演じているのに、隣接する領域で自由の不在を正当化することは、かならずしも容易ではないのである。

共産主義諸国の経験は、国家によって全面的に統制された経済は停滞と欠乏をもたらすという証明となった。欧米諸国を襲った最近の銀行と金融の危機は、補足的な真実の例証となった。すなわち、自分自身にゆだねられた市場は、共通の幸福を産み出すことはない、ということである。競争の円滑な運営でもって価格を調整しようとして市場を当てにすることはできない。というのも、それは交換財——労働の産物であれ投機の産物であれ——のあいだの性格の差異、および人間を動かすもっとも理性的なものからもっとも狂気じみたものにいたるモチベーションのあいだの性格の差異を忘却することだからである。だからといって、国家は経済的行為者の代わりとなってはならない。国家の介入は別の次元に位置づけられる。それは経済的行為者を適切な規制によって統率し、再分配によって共同生活の均衡を保証するのである。国家の介入はまた、長期のプロジェクトを促進することもできる。私人はその直接的な利益を認識することはできない。というのも、長期的プロジェクトの成果は、その子や孫にしか恩恵をもたらさないからである――たとえば、環境保護のための措置である。

共産主義の教義は人間の実存を不可避的で情け容赦ない階級闘争として解釈する。その結果は歴史の法則のなかに書き込まれているが、階級なき社会と万人の開花である。新自由主義の教義は最初の主張に異議を申し立てる。それは利益の衝突の代わりに調和を公準として立てる。だが二番目の主張には同意する。というのも、新自由主義の教義もまた市場の自然法則を当てにしているからである。一方の集団的意志、他方の個人的意志は、いかなる内的な制限も課せられることなく、計画に書き込まれたこれらの意図の実現に一役買う。もしこれら歴史の摂理主義的ヴィジョンを断念することを選ぶならば、ペラギウスが望んでいたように、意志の自由を奨励することができる。同時に、アウグスティヌスが行なっていたように、それらの意志に限界を設けつつである。ただし、この限界は原罪の不可避性にもはや属せず、人が生きている社会に固有の公益に属しているのである。すべてか無かという不毛な二者択一から抜け出す時が来たのである。

第6章　ポピュリズムと外国人嫌い

ポピュリズムの台頭

人民は主権を有している。これが民主主義の第一原理である。しかし進歩や自由のように、この人民も民主主義にとって脅威の源となることがある。このことは人民《プップル》と有象無象《ポピュラース》、民主主義とポピュリズムのあいだの一般的な対立から明らかになる。何が問題になっているのだろう。現場明細書を作成することから始めよう。

最近の数十年を通じて、ヨーロッパに新しい政治的現象を観察することができる。ポピュリズムの政党の台頭である。政治的風景の変化は冷戦の終わりから加速した。あたかも一国の政治生活が引き立て役の反対者を必要とし、ライバルである共産主義が消え去ったのち、人々が自分たちの恐怖、不安、または拒否を他の何らかの集団に注がなければならないかのようである。それは外国人、とりわけ彼らがイスラム教徒であるならばである。このことは外国人嫌いとイスラム教恐怖症の高まりをもたらすだろう。多種多様な人物である移民が、以前のイデオロギー上の脅威の位置を占めにやって来たのである。私は欧州連合のほとんどすべての国に及ぶこのプロセスの若干の例を手短に想起したい。

オランダでは、華々しいポピュリストであるピム・フォルタインが『われわれの文化のイスラム化に反対する』と題する攻撃文書を出版し、自分の思想を主張する政党を設立した。二〇〇二年における彼の暗殺（オランダ人青年による）の翌日、彼の政党は国会で議席の一七パーセントを獲得した。ピム・フォルタインの死後、オランダ人に対して行なわれた世論調査によれば、彼はレンブラントとスピノザを凌駕するオランダ史でもっとも重要な人間であった。数年後の二〇〇七年、大衆に人気を博する新しい雄弁家ヘルト・ウィルダースが頭角をあらわした。彼は反‐イスラムのプロパガンダ映画を制作し、コーランの禁止を要求した。二〇一〇年以降、彼の団体はオランダ政府に参加はしないが、これと結びついている。その支持を失っては、伝統的な右派は議会において多数派を掌握できないのである。

この観点からすれば、オランダの状況は二〇一一年までのデンマークの状況に似ている。デンマークでは、右派系の政府は、ピア・クラスゴー率いるデンマーク国民党――この政党は「デンマークをデンマーク人に」を要求し、イスラムを癌として記述する――という外部からの支えのおかげで政権を維持していたのである。ベルギーでは、その間、フラームス・ベランフ（「フランドルの利益」）党のリーダーが宣言する。「イスラム教はヨーロッパのみならず、すべての人のナンバーワンの敵である。」こうした類いの宣言は、日常的な行動に影響を及ばさざるをえない。私はブリュッセルのフォレスト地区の刑務所で起こったちょっとした三面記事的出来事を想起したい。数人の警官が、その日、ストライキをしていた刑務官の代わりをしていた。「一〇月三〇日、目出し帽をかぶった四、五人の警察官が、囚人を殴打し、独房に連れて行き、無理矢理服を脱がせた。その後、警棒で囚人の背中と睾丸を殴りつけた。その際、囚人は〝預言者マホメットは小児性愛者だ〟および〝私の母は売春婦だ〟と唱えることを強制された、と監視委員会は克明に述べている。」[1] この国のフランドル地方のジャーナリズムは「フォレストにおけるアブ・グレイブ」と語っている。前例が伝染したのだろうか。

スイスにおけるクリストフ・ブロシェの外国人嫌いの政党は、中央民主連盟という呼称の背後に隠れているが、そのプロパガンダのなかで外国人を、国外に追いやらなければならない黒い羊〔のけ者〕と同一視している。二〇〇九年、この党はこの美しい国にミナレット〔祈りの時を告げるモスクの尖塔〕を建設することを禁止する国民投票を画策する。スウェーデンでは、二〇一〇年、民族主義的で外国人嫌いでイスラム教恐怖症の民族主義的な民主主義者が議会にデビューした。

フランスでは、二〇〇二年、国民戦線のリーダー、ジャン゠マリ・ル・ペンは途中で社会党の立候補者を退けて大統領選挙の第二回目の投票に選ばれた。彼はこの二回目の投票で一八パーセントの票を獲得した。ある大衆小説家は、イスラム教は世界でもっともくだらない宗教だと宣言して注目を浴びた。ある影響力のあるジャーナリストは自分がイスラム教恐怖症であることを誇りにしていると公表した。二〇一一年、マリーヌ・ル・ペンは自分の父親のあとを継いで、フランスの政治生活で第一級の役割を演じることを熱望する。そして世論調査によれば、つぎの大統領選挙では彼女は二〇パーセント前後の選挙民の支持を獲得するという。それまで、これらの誘惑に免疫があるように思われたドイツもまた、反‐移民の感情の台頭を体験している。ハンガリーでは、極右の政党ヨッビクは強度に外国人嫌いの（ときには反ユダヤ人の）プロパガンダを広めている。

二〇〇九年、これらさまざまな運動の代表者がブダペストに集結した。彼らはそこでヨーロッパの民族主義的運動の同盟を設立した。この同盟は彼らの活動の連携をはかると見なされているのである。議長はひとりのフランス人である。さしあたって、これら外国人嫌いでポピュリストの政党が政府を率いているところはどこにもない。にもかかわらず、これらの政党は、イタリアにおける北部同盟のように政府に参加したり、またはオランダとデンマークのように少数派の政府に対して不可欠な支援をしたりしている。フランスでは、これらの政党のプログラムの主要部分全体は他のグループによって継承されている。ドイツと英国では、政権についた右派はイスラム原理主義の脅威を想起させることによって、背後を固めている。もしこの展開が絶えず同じ曲線をたどるならば、これらの政党は近い将来、ヨーロッパを支配するだろう。

現在のポピュリズムはファシズムの再出現ではないし、ましてやナチズムの再出現ではない。その歴史的な意味はほかにある。その現在の台頭が示しているのは、二〇世紀の歴史の大きな一ページがとうとうめくられたということである。第一次世界大戦によって開かれベルリンの壁の崩壊によって閉じられたサイクル、すなわち共産主義的ユートピアの開花、ついでその瓦解を体験し、ファシスト体制およびナチスによる権力奪取、ついでそれらの消滅を体験したサイクル——全体主義と民主主義を競わせるこのサイクルは、今日、終焉をみた。もちろん、当時身につけた習慣は存続している。だから「ファシズムを打倒せよ」という呼びかけ、まだ子供を産むことができる腹をもつ「汚らわしい獣」を警戒するようにという呼びかけを相変わらず聞くことができる。だがこれらの呼びかけは、それらを発する人々にやましさがないこと、彼らが断固として善の側に位置することを示すことにしかもはや役立たない。いや、戦争は本当に終わったのだ。新しいポピュリズムはつい先頃のユートピア主義の再出現ではない。つまり、私たちにとって大切なのは、現在に過去を押しつけることをやめ、むしろ現在の世界を観察しようとすることにほかならない。

ポピュリズムの言説

今度は、これらの団体によって生産された言説の若干の特徴を指摘しよう。形式的なレベルでは、その主要な特徴はデ、マ、ゴ、ギ、ーという用語であらわされる。この実践はここでは、最大多数の心配事が何であるかを明らかにし、理解しやすいが実施不可能な解決策を提案して彼らを安心させることに存する。

ある場合は、そこにみちびく論理は詭弁である。たとえば（フランスのデマゴーグの例を引く）、あるレベルでの類推が必然的に他のすべてのレベルに一般化できるかのようにおこなうのである。「私は隣人の子供たちよりも私の子供たちのほうが、見知らぬ子供たちよりも隣人の子供たちのほうが好きだ。つまり、私には外国人を邪険に扱い、同国人に特権を与える権利がある。」この論理は愛と正義の混同に根拠をおいている。私が身近なもののほうを愛することは確かだが、正義は万人にとって同一である。あるいはまた、「人種は不平等である。いかに黒人が陸上競技で勝利するかをご覧いただきたい」。言外の意味。そして私たちがいかに知的に勝っているか！　ここで前提とされているのは、まず第一に、浅黒い肌をしたすべての個人はただ一つの生物学的カテゴリーを形成するということである。しかも、身体的な遂行能力のヒエラルキーは、あたかも知性にかんするヒエラルキーを正当化するかのように行なわれている――この相関関係は一度も証明されたことがない。

ある場合は、提案される解決策は、人が認めようとしない代価を必要とする。「もし私が選ばれれば、警察にもっと多くの財力を与えたい。新しい刑務所を建設しよう。家庭の主婦に給料を出そう。」どの措置も高くつく。しかし同じデマゴーグが税金を減らすことを約束するのである。「もし私が選ばれれば、国内生産物と競合する外国の商品に対して国境を閉ざそう。」このことが意味するのは、他国も同じことができるということである。だがもし私たちの祖国が輸入する以上に輸出していたら？　デマゴーグは、それぞれの成果には代価が伴うという政治行動の根本原則を認めることを拒絶する。彼らは万人にいっそう多くの安全と、いっそう多くの自由を同時に約束する。だが一方を強化することは他方を危うくする恐れがあることを彼らは認めようとしないのである。

デマゴギー démagogie は、その名そのものが示唆するように、民主主義 démocratie と同じように古い。だがすでに指摘したように、デマゴギーが現代において莫大な推進力を受け取ったのは、マスコミュニケーション、とりわけテレビのおかげである。印刷されたニュースもまた万人に差し向けられる。だが少なくとも、立ち止まり、記事を再読し、熟考することができる。テレビで放送されるニュースはすぐに過ぎ去る。それが奨励するのは、短くてわかりやすい文であり、際立った記憶に留めやすいイメージである。私たちの同時代人には一分以上集中することは難しいように見えるからである……。このレベルでは、汚染はあらゆる領域に及んでいる。伝達しようとしている政治的メッセージが何であれ、左派、右派、あるいは中道であれ、そのメッセージが記憶に留められるのは、これを忘れがたいスローガンに単純化することができた場合のみである。コミュニケーションの形式はその内容を決定する。テレビそのものがポピュリストである。テレビで語っているのがみられる人々は、ポピュリストになる傾向にある。だがこうした傾向は過激派の演説家において著しく際立っている。「三〇〇万の失業者、三〇〇万の移民。」デマゴーグは結論を述べる必要はない。このことについては、彼は視聴者を当てにすることができる——実際には、移民の国外追放はまったく失業に終止符を打つものでないとしてもである。テレビはまた、論理を犠牲にして、魅力的であることを助長する。デマゴーグが感じがいい容姿や安心させる容姿をしていたり、立派な魅力的な話し方をしたり、感動させたり笑わせたりすれば、彼は有利である。カリスマ的な個性がなければ、ポピュリズムはすぐに下火になる。

ポピュリズムのプレゼンテーションの様式はデマゴギーである。その内容については、それはいくつかの定数の周囲に集中する。何よりもまず、ポピュリストは、特殊な個人のように、ここと今から離れることを拒否する。彼は抽象、距離、持続から逃れ、具体的なもの、身近なもの、さらには直接的なものを特別扱いする。理想的な民主主義者が、ルソーが一般意志と呼んだもの——いかなるときにも人民全体にもっともふさわしいものの仮説的構築物——のなかに自分の霊感を見出そうとするのに対し、ポピュリストのほうは自分が接する群衆に向かって語りかける。公的な場での討論集会の群衆、テレビ・ラジオ放送の視聴者という群衆である。民主主義者は人気のない価値を守ったり、犠牲的行為を推奨したりしなければならない。というのも、彼は来るべき諸世代をも気にかけるからである。ポピュリストは、必然的につかのまの時代感情を当てにする。公益の名において、民主主義者は一国の少数派のために介入する用意がある。ポピュリストは多数派の確信だけで満足する。

民主主義者は法律を尊重し、審議委員会と調査委員会を重視する。時間をかけて賛成か反対かを検討するのである。ポピュリストは議決権をもつ議会をわが家と心得ている。貫禄、説得力のある発言、機知に富んだ言葉が、同意を勝ち取ることができるからである。一九六八年から一九六九年にかけて、左派のポピュリズムが、創設されたばかりのヴァンセンヌ大学を支配していた。私はたばこの煙がもうもうとした騒々しい総会で挙手によってあらゆる決議がなされたのを覚えている。そこでは、もっとも極端な立場がつねに勝利をおさめる幸運に恵まれるのであった。それに対して、コンドルセが、私たちが民主主義的と呼んでいる体制の機能の仕方について考えるとき、つぎのような結論に達したことを想起することができる。「いかなる時代においても、知性の真の境界を画するのは、ある天才の特別な理性ではなく、識見豊かな人々の共通の理性である。(2)」この決まり文句は、新自由主義の危険——共通の理性を犠牲にして輝かしい個人を特別扱いすることへの誘惑——をもポピュリズムの演説家をも裏返しに連想させる。ポピュリズムの演説家は、識見豊かな男性と女性の意見を求めるよりもむしろ、現在の群衆の直接的な同意を求めることのほうを好む。

ここでは、大げさな言葉、崇高な理想は他者にゆだねられる。ポピュリストはひとりひとりの日常的な心配事を気にかける。他国の人民の惨事には見知らぬ人の惨事と同様、彼は冷淡である。同様に、彼が提案する解決策は待つことをまったく許容できない。彼が示唆する措置の利点は、翌日には実現されなければならない。そういうわけで、ポピュリストは変化よりも連続性を好む。変化は未知への跳躍だからである。彼は改革者であるよりも保守主義者である。彼は自由を犠牲にして秩序を特権化する。というのも、通常の市民はいずれにしても自由から利益を得る機会はほとんどないけれども、日々、自分の空間、穏やかな習慣、アイデンティティを享受しているからである。つまり、ポピュリストは、もっとも根本的な人間的情動の一つである恐怖を当て込んでいるのである。彼に対する賛美者の大半は比較的教育程度の低い人たちである。彼らは他国をよく知らないので、反「欧州」であり反「グローバリゼーション」である。彼の通常の公衆が所属しているのは、もっとも貧しい階級なのではなく、そのような階級に接近することを恐れている階級、追放された人々、のけ者、敗者の集団に、このようにして加わることを恐れている階級である。

政治的領域の伝統的区分に比較すれば、ポピュリズムは左派だとも右派だともいえない。そのスポークスマンによれば、ポピュリズムはむしろ「下に」属している。伝統的な政党は左派も右派も、魅力のない「上へと」排斥されているのである。ポピュリズムはエリート主義に対立するだろう——この最後の用語に軽蔑的な色合いをもたせるならばである。エリートの排斥は、能力によるエリート集団の形成を推進する民主主義的な伝統に、ポピュリズムを直接的に対立させる。だがポピュリズムは、政治的な論争という中心領域に対して外部に位置する他の力に組み入れられている。すなわち極左、現代においてはいっそう頻繁に極右である。そういうわけで、インターネットと社会的ネットワークは、ポピュリスト運動の推進者によって多大な好意をもって受け取られる。この情報の伝播は、いっさいの中央集権化したコントロールと民主主義的な合意から逃れている。そこで流通する私的な言葉は、公的な言説にのしかかっているさまざまな束縛に服する必要はないからである。フランスでは、インターネット利用者のなかで政治的傾向をもったサイトをもっとも頻繁に訪れるのは、国民戦線の支持者である。

過激主義的運動は、一国の公生活のなかで、すべての悪の責任者を突きとめ、彼を民衆的な制裁にかける。非過激主義的または穏健な政党は、同じ社会の内部で、利益の多元性、さらには不一致を認め、力で強制された解決策ではなく、交渉による妥協策を熱望する。ここでは、反対者は敵にはならない。反対者に戦いを挑むよりもむしろ、反対者と共存する。極左の諸力の場合、とがめるべき敵は社会的なレベルで限定される。金持ち、資本主義者、ブルジョワである。社会を改善するためには、これらの敵を打破し、彼らに「帽子をかぶせる」。さもなければ、殺さなければならない（すでにみたように、共産党独裁はこのプログラムを実行に移したのであった）。極右はもはや反共産主義によっても、目に見えるさまざまな容姿を根拠とした明瞭な人種主義によっても定義されない。人種主義は最近の歴史で自分の評判を危険にさらし、反共産主義は存在理由をもはやもたないからである。今日、極右は、外国人嫌いで民族主義的な断固たる決意によって定義される。すべては外国人のせいだ。私たちとは異なった者たちの責任だ。彼らを追い出そう。この観点からすれば、そしてマルクス主義的な語彙からのつかのまの若干の借用はあるとしても、本質的に民族主義的なバスクETA〔バスクの祖国と自由〕のような運動は、政治的には極右と共通点をもっている。

これがポピュリストの言説の唯一の結果なのではない。だがそのもっとも有害な結果の一つである。すなわち、平等の原則と矛盾して、住民の一部分が社会から排除され、公然と非難されるのである。したがって、この部分は外的な要素として感じ取られる人々から構成されている。つまり、行政的なレベルでは、彼らは外国人《エトランジェ》である。彼らの文化的な特徴のせいで、彼らは奇妙《エトランジュ》である。これら奇妙な人々は、外国人の子孫であるかもしれない。もしくは、彼らをとくに際立たせる態度物腰をしている——たとえば、キリスト教的伝統をもつ諸国で、彼らはイスラム教を実践している。

民族的アイデンティティ

ポピュリズムは伝統的な民主主義的な政党によって統治される諸国の公的生活に直接に影響を及ぼす。そのまぎれもない例を、二〇〇七年から二〇一一年にわたる政権が引き合いに出した民族的アイデンティティの問題とともに、フランスに見出すことができる。二〇〇七年の大統領選挙キャンペーンで、候補者サルコジは、ポピュリスト精神を目覚めさせようとして、民族的アイデンティティを擁護するために捧げられた内閣というアイデアを投げかけた。大統領に選ばれた彼は約束を守った。二〇〇九年、この〈民族的アイデンティティ〉の内閣（これは〈イスラム問題〉の内閣とも呼ぶことができただろう。それほどイスラム教徒の住民がこの内閣の主要な関心事であった）は、この概念の内容を明らかにすべく「大論争」を開始した。結果は期待されたほどではなかったので、論争は中断された。誰にとっても有益な結果はほんのわずかかもたらさなかった。国民戦線の場合を除いて。国民戦線に対する支持率は明らかに増加したのである。二〇一一年、問題の内閣は姿を消した。

この概念にまつわる誤解をわかりやすく説明するために(3)、私は自分がよく知っている例を採り上げたい。私の例である！　私は、外国で生まれ、ある日、フ
ランス人となった人々に属している。だが

ここでこの語は何を意味しているのだろうか。

フランスに来ようという考えが私に最初に浮かんだのは一九六二年である。当時、ソフィア大学を修了したばかりだったが、私には西洋の国で一年間を過ごす可能性があることを知ったのである。決定的な移住はまったく問題にはならなかった。むしろ、私の研究を続行することに関連した滞在、外国の大学という世界に溶け込んでみることが問題であった。私がフランスとパリを選んだのは、芸術と文学の合流点としての都市のイメージに魅惑されていたからである。もちろん、私ひとりではなかった。そして、このことが私をフランス人にしたのではなかった。

パリに滞在したこの最初の年の終わりには、私はたくさんのことを学んでいた。ブルガリアでは近づけない多数の本を読み、フランス語にますます習熟することができた。フランス語は私の日常生活の言語となった。私には同じく何人ものフランス人の友人ができた――そのうち幾人もが外国出身の人たちであった。そして彼らのおかげで、フランスのいくつかの風景を発見した。私の場合と同じような他の多くの外国人と同様、私は自分がフランスの習慣に通じたことを誇りとしていた。私はすべてのチーズを味わい、私の財力（慎ましい）の範囲ですべてのワインを味わいたかった！　そこで、私は新しい免状を取得するために、さらに二年間残ることに決めた。だが、このことが私をフランス人にしたのではなかった。

この二年目の終わりには、私はひとりのフランス人女性と結婚し、フランスで生計を立てはじめていた。私の職業的な関心もまた変化していた。私は自分が道徳的で政治的な生活を対象とした公的論争にますます深くかかわっていると感じていた。この論争は私が在留することになった国では続行されていたが、ブルガリアでは論議できない主題に関係していた。というのも、ブルガリアではどのような公的生活も共産主義体制の専制的な決定に服していたからである。フランスで引き合いに出される大原則は、たとえ実際には往々にして違反があったとしても、私にはより好ましいと思われた。法治国家は独裁と汚職の支配よりも優れていた。個人の自由の保護は、全体主義国家の市民が服している恒常的な監視よりも価値があった。万人の尊厳の尊重は、旧来の父権制的精神や新しい政治的特権階級が占有している特権よりも私にはふさわしかった。しかしこれらすべての内面的な変化が私をフランス人にしたのではなかった。そもそも、市民が同じ特権を享受している国はほかにもたくさんあったのである。

新しい文化的アイデンティティの獲得は、無際限に続行するかもしれないプロセスである。しかし「私はいつフランス人になったのか」という問いは、きわめて簡単な答えをもっている。そのためには、その問いが私の国籍を対象にすれば十分である――私の国籍は、私の政治的選択や文化的傾向とは違い、行政の管轄、つまり間接的には内閣と議会に属している。このような変化が起こったのは、フランスにやって来て一〇年後、私が共和国令によってた帰化した日である。このときから、私の市民的義務は他のいかなる国よりもこの国に私を結びつけている――この国が私に授与した新しい権利の代償である。私の私的なアイデンティティについては、それは確かに少しはフランス的になったが、無条件にではなかった。私は人生の最初の二四年を忘れることはできない。そのおかげで、私はまた私の内部にフランスに対する外的な眼差しをつねに保持している。あるいは、私はある種の土着のフランス人にとって自然（人間的）に属するものをこの国の文化のせいだと考えている。フランス人という以上に、私はときおり自分をただ一つの都市、さらには一つの地区の住人であると感じる。ほかの場合には逆に、ヨーロッパ大陸全体の住人であると感じる。しかしながら、私が確信しているのは、一つの内閣やその役人が、私が考え、信じ、あるいは愛さなければならないものを私に代わって決めることを私が望まないということである。

〈民族的アイデンティティ〉の内閣も、これについての論争も、この民族的アイデンティティという主題を明らかにすることには役立たなかった。反対に、それらは一方では、外国人とその子孫の同化をいっそう難しくし、他方では、土着の住民の一部に、彼らの人生においてうまくいかないことすべての責任者が誰であるかを指示することによって、彼らを安心させることに一役買った。ポピュリズムは民主主義を犠牲にして強化されたのである。

多文化共存を打倒せよ——ドイツの場合

二〇一〇年秋以降、ヨーロッパでは外国人「問題」に言及するほかの方法に立ち会うことができる。今回問題なのは、「多文化共存」——つまり、同じ一つの社会の内部におけるいくつもの文化の共存——に対する念入りに準備された攻撃である。この攻撃はいくつかの右派の政権の元首たちによって推進されている。その雰囲気はドイツの首相アンゲラ・メルケルによってもたらされた。彼女は二〇一〇年一〇月に宣言した。「いつかはうまくいく。多‐文化が始まる。おたがいに隣り合って生活する。みんなが満足だ、などと言うんですから——こんなことは失敗でした。全面的に失敗でした。」

二〇一一年二月、他の国の幾人もの同僚たちが彼女と意見を一つにする。英国の首相デーヴィッド・キャメロンは指摘した。「国家の多文化共存の名において、私たちはさまざまな文化に、お互いに孤立し、主要な文化［*mainstream*］から切り離された別個の生き方をするように仕向けた。［……］失敗した過去のこれらの政策のページをめくるときがやってきたと私は思う。」オランダの首相マルク・ルッテもまた自国での「多文化共存の失敗」と、「相続権をもたぬ者に国境を閉ざす」ことの必要性に言及した。最後に、フランス大統領のサルコジは「多文化共存は失敗である」と主張し、移民に「民族的共同体に合体することを」強いなければならないと主張することによって、自分の声をこのコーラスに合流させた。ヨーロッパ諸国家の元首たちのこの全員一致をいかに理解すべきだろうか。

ドイツでは、論争はこれらの介入の少し前に燃え上がった。ティロ・ザラツィンの『ドイツが消える』という本をめぐってである。中央銀行の高級官吏であり社会‐民主党の党員である著者は、異例な販促の恩恵に浴した。すなわち、週刊誌『デア・シュピーゲル』は、もっとも不穏な数節を含む、この本の「おいしい紙葉」を五ページにわたって発表した。また大衆向けの日刊紙『ビルト』は、一週間ずうっと、著者がその意見を陳述するために一ページを提供した。結果はあらゆる予想を超えるものであった。二〇一一年二月、この本の販売数は一二〇万部となった。例外中の例外の数字である。世論調査によれば、住民の五〇パーセント以上がその主張に賛意を表し、一五パーセントがザラツィンの思想を擁護する新しい政党に投票する用意があるとのことであった。

多文化共存の拒否は、その著者の第一の気がかりなのではない。彼は数多くの統計によって支持されると彼が信じている二つの確認事項から出発する。第一に、生粋のドイツ人にはごくわずかの子供しかいない。イスラム教徒の移民労働者にはずっと多くの子供がいる。つぎに、最初の集団の知的水準は二番目の集団のそれよりもずっと高い。「イスラムの移民には特別な知的なポテンシャルはまったく見出すことができない。［……］近東からの移民［つまり、トルコ人］は、遺伝子的な欠陥を被っている。」ところで、知性は遺伝的なものである。これらの基本データは、ザラツィンによって自明の理として提示された目標と比較対照される。すなわち、「高度な教育を受けた人々」が住んでいることは、一国にとって好ましいということである。現状では、ドイツは逆方向の展開に脅かされている。結論はおのずから明らかである。「近東、中東、およびアフリカからの外国人労働者の流入を阻止」しなければならないということである。骨が折れ費用のかかる方法である知能テストを受けさせるよりも、彼らがイスラム教徒であるか否かを確認すれば十分だろう。この宗教への賛同それ自体が愚かさの証拠である……。同時に、すでにドイツに入り込んだ移民は帰国させようとしなければならない。他文化共存の拒否は、これに一役買うべき措置のなかに組み込まれている。ザラツィンは街路でトルコ語が話されるのを聞きたくないし、スカーフをかぶった女性に対して示される敵意を理解するのである。

一九世紀、ゴビノーは人類進化の悲劇的なヴィジョンをもっていた。もっとも強い人種は――と彼は考えた――、彼らへの対抗者につねに勝利するが、対抗者を支配することによって、彼らと混合せざるをえない――つまり、弱体化せざるをえない。ザラツィンの知的構成もまた悲観的である。「もっとも輝かしい人々の赤ちゃんの数はもっとも少ない」ことを確認できると彼は信じている。つまり、知性の前進は、そこから生じる生殖の低下によって危険にさらされている。強さはそれ自体が弱さの源と化すのである。この逆説は彼の論理の唯一の弱点なのではない。自明の理として提示されている彼の前提のいくつもが、異論の余地があるどころではない。遺伝的なものとしての知性、またはメンタルな欠陥の証拠としてのイスラム教の選択についても同様である。いかなる学者も、それでも科学的知識のように提示されてはいるこのような浅薄な決まり文句に、確証を与えることはできない。文化的特徴が本質的に遺伝学によって伝達されるならば、ドイツの現在の住民は、親ナチの群衆の子孫であることを心配しなければならないのではないだろうか。他方で、高等教育は社会の幸福にとって望ましい唯一の資質であることは、本当にそんなに明白なのだろうか。他の資質の開花をも育まなければならないのではないだろうか（これらについては、トルコ人の劣等性はまだ明らかにされていない！）。たとえば、善良さ、優しさ、同情、さらには公平の精神、勇気、権威を疑ってかかる精神である。ザラツィンの賛美者が彼の優生学的な見方に圧倒的多数で賛成した事実を前にすると、啞然としてしまう。

これらの主張に対するメルケルの最初のリアクションは、「中傷的で不愉快」だということであった。だがおそらく、一か月後、この本が成功を博したことに気づき、また選挙が近づいている時期に憂慮すべき人望のなさに悩んで、彼女は自党の若い活動家たちを前にしてこの主題を見直した。ザラツィンの遺伝学的で人類学的な駄作を自分のものとして引き受けることはなかったが、おそらくその成功を説明するものについてじっくりと考えた。すなわち、住民の大半によって容認される、異なった文化を標榜する人々の拒否である。多文化共存の失敗を告げたあとで、彼女は話をつづけ、「ここで適用されるのは、根本的な法律であって、聖法《シャリーア》ではない」ことを想起させる。つまり、人は移民に対して「要求する」権利があるのである。メルケルが要求する原則とは、つぎのように説明される。「私たちはキリスト教的価値観に結びついていると感じている。このことを受け入れない者は、ここには居場所をもたない。」ほぼ同じ時期、もうひとりのドイツの著名な政治家ホルスト・ゼーホーファー、バイエルン州首相は、ドイツは「他の文化的環境からやってきた移民」を必要としないと宣言し、念を押してつぎのように付け加える。「私たちは主導的な文化［*Leitkultur*］を守り、多‐文化に反対する。」

意図的であろうとなかろうと、ドイツの指導者たちはここで二種類の現実を混同している。私はその二種類の現実の特性を指摘したばかりである。法律と文化、公的領域と私的領域である。多文化共存は政治的計画ではない。既成事実である。いかなる社会もいくつもの文化を担っている。他方で、法治国家の承認と防衛の要求、法の前での男女の平等、表現の自由、暴力の排斥はことごとく、大半の民主主義国の憲法と同様、ドイツ憲法に書き込まれた原則である。そして人には完全にそれらの尊重を要求する権利がある。逆に「キリスト教的価値観」への言及は、ここでは居場所をもたない。たしかに、キリスト教的伝統の影響を受けたドイツ人は数多いが、その遺産の一部のみがこの根本的な法律に組み込まれたのであって、ドイツのすべての住民に強制することができるのは、それだけなのである。これこれの原則は大きな拘束力をもつべきだと考えなければならないのは、その原則がキリスト教に起源をもつからではない。それが何らかの宗教的伝統よりも啓蒙思想に結びつけられた民主主義の諸原則に属するからである。キリスト教を尊敬しない者たちは国を離れなければならないと示唆することは、常軌を逸している。多くの生粋のドイツ人は、亡命を余儀なくされるだろう！

英国とフランスにおいて

英国首相デーヴィッド・キャメロンは安全保障にかんする国際会議で多文化共存について発言した。彼がそこで採用した全体的なパースペクティヴは、テロ対策のための闘いのパースペクティヴである。彼はそこでテロリストに‐なるdevenir-terroristeこととの社会心理学的分析に専念する。彼の三段論法の大前提は、いかなる人間も文化的な集団的所属を必要とするということである。小前提は、英国の文化的アイデンティティはその勢いと自信を失ったという確認である。結論。移民から生まれた若者たちは、英国の文化的アイデンティティに参加しえないがゆえに、その狼狽のなかでイスラム原理主義集団のほうに向かう。テロリストのネットワークによる徴兵への第一歩である。したがって、多文化共存の拒否はふたたびイスラム教への警戒の呼びかけが身にまとう決まり文句と化すのである。たしかにキャメロンはこの論理を数多くの慎重さや正確さで取り囲んでいる。宗教としてのイスラム教と政治運動としてのイスラム主義とを、イスラム原理主義とアルカイダ・タイプのテロとを混同してはならない、と彼はいう。さらに付け加えて、「文明の衝突」のようなあまりに一般的な定型表現を警戒しなければならない。そして新しいモスクを信者が望むところに建設することを受け入れなければならない。だが移民から生まれた若者たちをテロの実践にみちびく理由の分析を正しいと認めなければならないだろうか。入手できる大多数の証言が明らかにしているのは、最初は、実存的な空虚ではなく、自分たちが身近だと感じている集団が被った屈辱から生じた怨恨である。この場合は、イラクやアフガニスタンのようなイスラム教国が英国軍によって占領されたことから生じた怨恨である。

キャメロンは自分が論証と見なしているものからいくつもの結論を導き出し、それらの結論をすべて多文化共存の拒否として提示する。彼はこの目標のために消極的寛容——この場合、国家は法律を遵守することを要求するだけで満足する——と、積極的民主主義——これは「強権的な自由主義」に突き動かされ、ある種の価値を擁護する——とのあいだに区別を設ける。だが彼が数え上げる価値——表現の自由、民主主義、権利の平等——は、他の多くの国の場合もそうであるが、彼の国に固有の法律の土台以外の何ものでもない。もう一度、多文化共存は法律と文化の混同ゆえに非難されるのである。たしかに、英国においては、ある種の地区では聖法《シャリーア》を法律の尊厳へと高める提案が表明されていた——だがこの場合、文化の領域を離れて法の領域に足を踏み入れたことになるだろう。たしかにまた、この国では、ドイツやフランスとは違って、「多文化共存」の別な意味を指摘することが可能であった。すなわち、もはや既存の状態の記述としてではなく、積極的な政策としてである。諸文化の分離、または個人のその起源の伝統への閉じこもり、または共通な枠組みとしての文化という考えの拒否、を奨励するのである。このパースペクティヴでは、テロを説き勧め、あるいはたんに人権・良心の自由・人民主権の否定を説き勧める組織に補助金はもう出さないというキャメロンの決定に同意することができる。

フランス大統領のほうは、二〇一一年二年にテレビ放映された対談でみずからの多文化共存の拒否を表明した。この拒否もまた謎である。この多文化共存という語でもってフランスにおける文化の多元性を理解するならば、文化の多元性はつねに存在してきたし、今後も存在しつづけるだろう。問題なのが諸文化の分離を推奨する主意主義的な政策なのであれば、この国の歴史のなかにそれを探しても無駄だろう。多文化的な高まりから守らなければならない行動の具体的な例とは、「少女が学校に行く自由」、「男女平等」、一夫多妻制の禁止である。だが共和国の法律は、すでにそれらに対する責任を引き受けている。そしてそれらの尊重はフランスのすべての住人から要求されている。だからといって、行動がつねにそれに一致しているということではない。たとえば、多文化共存とはまったく無関係のコンテクストだが、企業内部でのそれぞれの給与であろうと、国民議会への男女の代表権においてであろうと、男女の不平等が存在している。だがいずれにしても、必要な法的な手段は存在している。他方で、なるほど祈っているイスラム教徒が路面を占領することを不満に思うことはできる（国民戦線がくり返し採り上げるテーマである）。だがこれを改善するには、モスクの建設を容易にしなければならないだろう。ついでながら、多文化共存を拒絶しながら念頭に置いている宗教は唯一イスラム教であることに気づかざるをえない。ユダヤ人、中国人、ベトナム人それぞれの共同体が、だがこれらはよりよく組織されてはいるが、やり玉に挙げられることはけっしてない。

共和国大統領が結局、「フランス人共同体は、その生活様式、その生活スタイルを変えようとは思わない」と主張するときには、彼の意見は本当に国民の意見を反映しているのだろうか。フランス人の生活様式は、数多くの要因の圧力のもとで、ここ数百年間にめざましく変化した。たとえば、農業の後退と都市化の進行、女性の解放と産児制限、科学技術革命と労働の組織化である。外国人との接触は、この点ではむしろマージナルな要因で、飛び抜けて最大の影響をおよぼした文化とはアメリカ合衆国の文化である……。

スカーフをめぐって

フランス政府が多文化共存のいっさいの痕跡を除去するために介入した例を二つあげることができる。二〇一〇年、通りや店を含んだ公的空間全体でブルカ〔イスラム教徒の女性が外出時に着る全身を覆う外衣。目の部分も網状の布で隠す〕の着用を禁止する法律が可決された。それに違反する女性は罰金によって罰せられるのである。このフランス的モデルは他のヨーロッパ諸国、すなわちベルギー、ドイツ、スイスで好意的な反響に出会った。イタリアのいくつかの市町村庁は、似たような制裁をすでに準備していた。二〇一一年春、文部大臣の公開書簡は公的空間のこの統制を拡大させる。公開書簡は、イスラム教のスカーフを着けた女性は、ほかの親たちなら行なうことができるようには、下校の際に自分の子供たちと同伴することはもうできないと告げているのである。

最初の禁止はいくつもの論拠を根拠にしている。その一つは、全身的なベールは疎外の表徴であり、それを着ている女性は脱ぐことによって解放されるということである。人はこの仮定の内在的に矛盾した性格に気づいていないように思われる。個人の裁量に属するものを制裁で罰することによって、いかにして個人の自由を助長することができるのだろうか。なるほど、このような実践の存在を遺憾とすることができるが、強制によってそれらの実践と闘うことによって、それらを選択した者たちの自由は拡大する代わりに削減される。あるいは、ある種の人々は自分自身で人生を管理するにあたいせず、未成年の子供、精神病者、または市民権を剥奪された囚人のように、他者の決定に服従しなければならないと考えているのかもしれない。「マイノリティ化された」これらの個人は、自分たちの問題を管理できないと判断されており、それゆえに、欧米諸国の側からの軍事介入を必要としている諸国家を思わせる。奇妙にも、いずれもがイスラムである……。しかし、個人の自由と権利の平等は民主主義国家の基本原理なのである！

しかも、これらの女性に全身的なベールを着ることを禁止することによって、彼女たちの牢獄であると判断されるものを廃棄できるとは限らない。むしろ、彼女たちは家に隔離されたままになる危険がある——つまり、彼女たちの世界観の方向を変えることができる出会いの機会をますます少なくする危険がある。医者や弁護士のところに行くためであれ、たんに行政上の書類をもらいに行くためであれ、彼女たちが通りに出るたびに、ひとことでいえば、彼女たちが公的生活に参加しようとするときに、彼女たちを罰することによって、彼女たちは「同化する」ように強く促されるのである。

第二の論拠は、共同の安全にかかわっている。全身を覆われた女性は、身につけたカラシニコフを隠し、銀行強盗を行なうことができるということである。あるいはまた、彼女は下校時に自分の子供ではない子供を拉致することができるだろう。本当をいえば、こうした類いの出来事が話題になるのはまったく聞いたことがない。だがもしこのような不測の事態を本当に回避したいのであれば、顔認証が不可欠なこれらいくつかの特殊ケースを規制するだけで十分である。法律を可決する必要はまったくない。法律の可決の現実的な結果とは、銀行がよりよく守られるようになることではなく、イスラム教とそれを実践している女性たちに対する非難の増大である。そしてこの衣服の選択の公的な危険が皆無であるならば、かくも基本的で私たちがそれに気づきもしない自由を、これらの女性から奪うという事実をいかにして正当化できるのだろうか。自分の衣服を選択できるという自由である。

放課後、自分の子供たちに付き添うことの禁止は、まだ法律まで格上げされていないが、一連の隣接関係による置換に根拠を置いている。第一に、非宗教的な学校では、宗教的な帰属の目に見えるいかなる表徴も排除されなければならないと見なされる。つぎに、学校空間という観念が、学校によって組織されるあらゆる活動に拡大される。たとえば、しばしば親の協力が必要とされる美術館や公演への訪問である。親もまた、いっさいの宗教的属性を排除しなければならないのである。最後に、女性が着用するスカーフは宗教的実践への呼びかけに還元される。それで結論する。学校で宗教への勧誘はしてはならない。したがって、下校時にはスカーフを身につけたママたちはいてはならない！ママたちはスカーフは宗教的なシンボルであるどころか、自分たちの文化的アイデンティティであり、辱めを感じることとなくしてはこれを廃止することはできないと言っても無駄である。彼女たちはのけ者にされるのである。

イスラム教徒の母親たちへのこの禁止を弁護する（そして大臣から激励を受け取った）小学校の女性校長は、そこに何の問題もみていない。「下校は学校である。生徒といっしょにいるとき、自分の宗教的帰属を示してはならない」と彼女は述べている。(4)この最後の大げさな表現をたどるとき、なぜ、かくも慎み深く立ち止まり、組織立った下校だけに話を限るのかと疑問に思う。子供たちが親たちの宗教的選択を知り、かくして子供たちが将来の決定に影響を受けることを妨げるためには、家でも宗教的表徴の着用を禁止しなければならないのではないだろうか。女性がスカーフを着用しているのを見るだけで、生徒が「共和国の価値観」に接近することがもはやできなくなるのに十分だと本気で考えているのだろうか。

ここで働いているのを見ることができるのは、非宗教性の「強権的な」または「断固とした」概念である。この概念はもはや、政教を分離し、さまざまな信仰のあいだに平和な共存を保証しつつ、一方が自己の選択を他方に命じることを妨げることに存するのではなく、公的空間から宗教的帰属のいっさいの痕跡を一掃することにある。そうすることで、人間を形成するものについての奇妙な概念が明らかになる。その身体的なアイデンティティを認めるが、メンタルな性格については知らないことのほうを好むということである。ところで、このように個人を動物のレベルにおとしめることは、その尊厳をおとしめることである。すなわち、個人が公的空間に受け入れられるのは、唯一、個人が自分の子供時代に獲得したか、その後、環境との相互作用のなかで選択した自分のアイデンティティであると見なしているものを捨て去ることによってでしかない。ここで想像している非宗教的な個人とは、文化が人間的自然の一部をなしているにもかかわらず、文化的な諸特徴を取り払った抽象的な存在である。結局、私たちはイスラム教徒に対して言う（というのも、同じ命令は正統的ユダヤ教徒、シク教徒等々には差し向けられないからである）、あなた方が内面的な確信においても衣装や食事にかんする習慣においても私たちのようになる限りにおいて、私たちはあなた方に対して寛容なのです。

もう一度、こうした禁止の結果は、求められているものとは逆である。このように糾弾される母親たちは、学校ではもはや歓迎されていないと感じ、学校について肯定的なイメージを子供たちに伝えることはできないだろう。外国出身の少数者は、あらためて、自分の殻に閉じこもり、自分たちを「同化」したいと主張する民族共同体の外部に取り残されざるをえないのである。

このように多文化共存に反対して引き合いに出された論拠を検討するにつけても――ここでは女性を害する、あちらではテロを育む、むこうでは愚かさを助長すると非難される――、この多文化共存という語は一つまたはいくつもの他の語の代わりに用いられていることに気づかされる。ヨーロッパの政治に関心をもつ男女は政治的操作のプロの言ったことをわかりもせずにそのまままくり返しているような印象をしばしばもつ。論争の用語は、住民のきわめて重要な必要との関連によってではなく、ある種の有権者の共感を惹きつけるような仕方で選択される。かくして、合衆国で行なわれた公的論争は、失業や無責任な銀行融資よりもむしろ、たとえば堕胎や同性愛者の結婚といった習俗の問題に集中する。多文化共存をめぐる論争もまた、民族的アイデンティティにかんする論争に次いで、ごく現実的な（社会的で経済的な）他の諸問題、解決することがいっそう難しい諸問題から注意をそらすための方法であるように思われる。たしかに、このようにして、あまり苦労せずに一部の住民の忠実さを確保する。この住民は、移民という名の便利な贖罪の山羊を見出すのである。もう一度いえば、その被害を被っているのは、民主主義である。

多文化共存にかんする政治指導者のいい加減な発言は、間接的な悲劇的な結果を生み出すこともある。このことの例証となったのは、二〇一一年夏、ノルウェーで突発した連続事件である。この年の七月二二日、三二歳の生粋のノルウェー人、アンネシュ・ベーリング・ブレイヴィクは、ノルウェーで二度のテロ行為を行なった。最初は、オスロの省庁街で爆薬を満載した車を爆発させ、八名の死者を出した。その直後に、近くの島に行った。その島では労働党の若い活動家たちの集会が行なわれていた。労働党が現在、この国を統治しているのである。その場に着くと、彼はすべての出席者の徹底的な処刑に取りかかった。彼が逮捕されたとき、七六名の遺体が数えられた。行動を開始する数時間前、ブレイヴィクは大部な宣言（一五一八ページの長さ）を戦列に加えた。そのなかで、彼は自分の行為の理由と目的を説明している。

この大量殺人者の目には、一般にヨーロッパは、とくにノルウェーは、イスラム教徒の侵入によって脅かされている。イスラム教徒の侵入は、そこに住んでいる諸国民の伝統的な文化的アイデンティティを短期間で破壊するだろう。いたるところで活動していると彼がみるジハードの道に障害物を建てるためには、強い行動が必要である。これが精神に強い印象をもたらし、眠り込んだ諸人民を目覚めさせるだろう。まさしくこれが彼の殺戮行為の意味である。イスラム教徒はヨーロッパにあまりに大勢いるので、このような活動では排除することはできない。だがそれだけでも国境を閉じる必要がある。つぎに、そこにいる者たちに全面的に同化されるよう強いなければならない。最後に、抵抗する者は強制収容所に送らなければならない。反対に、こうした西ヨーロッパの「占領」を助長する者たちはただちに打倒することが可能である。それが左派の政治指導者たち（全員がマルクス主義者だ！）と、多文化共存と多様性への寛容を説き勧める知的エリート、すなわち、政治的に妥当な反人種主義的言説の元凶である。彼らはその犯罪ゆえに死にあたいする。

この宣言においては個人的な錯乱を考慮に入れなければならない。たとえばこの著者が空想の産物のように提示するものと彼の行為への移行のあいだに、また彼が熱心なプレーヤーであるビデオゲームと、まさしく現実の人間の処刑のあいだに明確な境界を引くことがこの著者にはできないということである。同時に、この錯乱は政治的で文化的な真空に突発したのではなく、現在の極右ポピュリスト政党の言説と共鳴を起こしているのである。ブレイヴィク自身は、一〇年にわたって、ノルウェー進歩党の党員であった。これは反‐移民のイスラム嫌いの団体で、最近の選挙では人民投票の二三パーセントを獲得し、ノルウェーの第二党に躍進した。ブレイヴィクは離党した。というのも、進歩党は多文化共存に対する闘いにおいて、あまりに遅々とし優柔不断であるように思われたからである。この宣言には、ヨーロッパや北米の他の極右グループへの出典指示がちりばめられている。これらのグループは、ヨーロッパがヨーラビアに変化するように、イスラムの侵入を差し迫った危険として述べ立て、情け容赦ない闘いを呼びかけている（たとえ、当面は、これらのグループが陰謀を証明する証拠物件、メッカの賢者議定書〔ユダヤ人の秘密権力の世界征服計画書として広まった『シオン賢者の議定書』への暗示〕のようなものを見出すことができないとしてもである）。オランダではウィルダースが、コーランをヒトラーの『わが闘争』と同一視し、イスラムの脅威を第二次世界大戦中のナチスの占領に同一視したせいで有名になった。ブレイヴィクは、これを参照しているが、このオランダ人ポピュリストが理論として擁護しているものを実行に移しているにすぎない。私たちを攻撃しているこれら新しいナチスとは対決しなければならないのではないだろうか。ほかの大衆的雄弁家たちは、反人種主義は今日のヨーロッパにとって昨日の共産主義と同じほど大きな危険だと主張する。これら新しい全体主義者に対するレジスタンス行為に何か間違ったことがあるとでもいうのだろうか。最後に、ヨーロッパの大国の指導者たちは、これは確認したばかりであるが、満場一致で多文化共存を断罪したりその失敗を声高に叫んだりしている。つまり、ここに彼らの発言を字義どおりに受け取った者がいるということである！

この孤独なテロリストと、たとえば二〇〇一年九月におけるニューヨークのツインタワーの破壊のような、反欧米のテロ行為の首謀者であるイスラム原理主義のテロリストたちのあいだの類似には驚くべきものがある。いずれもが何よりもまず派手な行為で一般大衆の想像力に衝撃を与えようとしている。その行為は彼らにはあまりにも正当であるがゆえに、彼らは自分の生命を犠牲にしたり、少なくとも危険にさらす覚悟ができている。いずれもが、自分たちの論拠を熱狂的な説教家から借用している。説教家自身は激しい非難を、自分たちが追求している気高い目的によって正当化しつつ、投げつけるだけで満足している。その気高い目的とは、ヨーロッパにおける民主主義の擁護、地上における正義の支配である。いずれもが、何年もかけて自分たちの行為を準備して、冷静に、断固として行動している。疑惑を招かずに爆薬の成分を買うことができるように農民に姿を変えたり、エンジニアの免状と飛行機を操縦する免許を取得したり……。自分たちの死の計画を申し分なく推し進める執拗さによって、これら公然たる敵は兄弟のように似ているのである。

一つの論争が他の論争を隠しているかもしれない

人間の大多数にとっては集団的アイデンティティが必要である。つまり、自分が識別可能な集団に属していると感じる必要がある。何人かの個人はこの必要を免れることに成功する――だが一つの人民がそんな贅沢をすることはできない。帰属の感情は、人それぞれをその実存において確証するのである。集団が多少とも安定している限り、個人は集団に気づかずにおり、集団なしで済ませることは簡単だと信じることができる。しかし、その構成員が危険を感じ、身を守ろうとするには――とりわけ、他者から身を切り離すことによって、また他者を隔離することによって――、集団が急速に変化し、なおさらのこと、以前の特権のいくつかを失うだけで十分である。かくして、今日、ヨーロッパの現地人は自分たちの伝統的なアイデンティティが崩壊寸前だという感情を抱いている。だがこの感情の解釈は多岐にわたっている。

彼らが感じている大混乱の深い理由とは、外国人の存在の増大なのだろうか。それはむしろ、二つの重大なプロセスの結合した作用にあると考えることができる。すなわち、個人主義の上昇とグローバリゼーション〔または「世界化」〕の加速である。一方では、無限の再分割による集団的アイデンティティの解体である。共通の規範は個人的な選択に場を譲る――この動きは一九六八年以降、性の解放、宗教の後退、ユートピアの崩壊とともに、ヨーロッパで著しくなった。そして他方では、欧州連合のようないっそう広大な統合への伝統的アイデンティティの包含、あるいは国家の境界から解放されグローバル化した経済を前にした伝統的アイデンティティの消滅である――この推移は、とりわけ〈壁〉の崩壊以来、多国籍企業、企業の外国移転、資本の流動性が例証している。凄まじい力をもつこの二重の動きは、オランダのポピュリスト、ヘルト・ウィルダースの反‐イスラムの十字軍と、エジプトにおけるサラフィ主義者〔初期イスラムの時代（サラフ）を模範とし、それに回帰すべきであるとするイスラム教スンニ派の思想〕の反欧米的説教と同じほど対立した行動の共通の母体である。だが個人主義とグローバリゼーションは手で触れることができない抽象概念である。それに対し、「外国人」はそこに、私たちのあいだにいて、身元を確認するのが容易である。彼らはたいていの場合、くすんだ肌をし、習慣は奇妙だからである。彼らのうちに私たちの周囲で変化したすべてのものの原因をみたいとする誘惑は大きい。だが、彼らはこの変化の徴候でしかないのである。

集団的不安のもう一つ別の理由は、ある意味でアイデンティティの変化に匹敵する、私たちの社会における権威の変化である。伝統的な権威の弱体化は、私たちの近代性を構成する動き――個人の自律の主張という動き――の結果である。人は誰でも、外部から押しつけられる代わりに自分が自由に同意する規範の名において判断されることを望む。いまや伝統的規則は人民の意志によって無効にすることができる。すなわち、堕胎は犯罪であったが、今日では社会保障によって引き受けられている。宗教は社会的価値の供給者の役割を放棄することを余儀なくされる。周知のように、二〇世紀においては、独裁的または全体主義的ないくつかの体制は、個人を社会にふたたび服従させることによって、歴史のこの歩みにブレーキをかけたり、この歩みを覆そうとした。だが、無数の苦しみを生み出したあとで、この余談は今日では閉じられ、個人の自律はかつてないほど明確になっている。

民主主義国では、私たちは全員が法の前で平等である。だが法は社会生活を構成するすべての人間関係をカバーすることからはほど遠い。政治的領域から人類学へ、公的なものから私的なものへと機械的に移し替えられたこの平等主義的で民主主義的なモデルは、社会内部のヒエラルキー関係を私たちに忘れさせる。一九六八年以降、禁止することは禁止されていると、しばしば宣言された。禁止のない、規範のない、したがってまた従属関係のない社会は存在しないことを忘れてである。「人間は自由で平等に生まれる」という決まり文句は、寛容な精神から生じ、賞賛すべき目標に役に立つが、人類学的レベルでは、これは明らかに真実に反する断言である。人間は依存し、弱いものとして生まれる。人間がある種の自由と平等を獲得するのは、大人になることによってでしかない。政治的自律は、社会的な独立と自給自足を意味するものではない。表象におけるこの意味の取り違えは今度は私たちの世界に働きかけ、権威という関係をなおいっそう破壊するのである。

この無知が誰の目にも明らかになる場とはおそらく、たとえば親子間の関係（だがまた学校における先生と生徒の関係――この二つの関係は結びついている）のような、世代間の関係という場である――この関係は平等の物差しでは考えられない関係である。人類においては他の動物種よりもなおいっそう、子供たちの肉体的な生存は、何年もの長期間、好意的な大人が子供たちに惜しみなく注ぐ心遣いに依存している。肉体はメンタルな次元に延長される。子供が自己意識に到達するのは、つまり厳密な意味で人間的な世界に到達するのは、他者――大人、親――の内面化のおかげである。要するに、子供に自己意識を与え、大人の人生においてかならず出会う幻滅に立ち向かうべく子供に準備させるのは、両親の愛なのである。子供時代全体を通じて、両者の関係は非対称的で不平等主義的である。親は子供に責任がある。親は知と経験を有し、これを伝達しようとしなければならない。報いを期待せずに与える。子供の自由をさまざまに制限する。これらの制限が、子供が自分のアイデンティティを作ることを可能にするのである。ひとことで言えば、親は子供に対する権威を恣《ほしいまま》にするが、子供が自律性を獲得するにつれて、親はこの権威を徐々に放棄することになるのである。

私たちの現代社会が特徴づけられるのは、家族の本質的な役割が徐々に忘却されつつあることによってであり――家族は、しばしばたんなる足かせとして、生計を立てられない限りにおいて有用なものとして認識される――、また、とりわけ伝統的に権威を付与されていた者たち――父親たち――がこの権威の機能を引き受けることを放棄することによってである。男女の社会的平等——一般的であることにはほど遠いとしても、増大しつつある——は、この役割の輪郭をさらにぼやけさせる。この父親の権威の失墜という状況は、母親がひとりで子供たちを育てるケースではますますひどくなる。この状況はまた数多くの移民の家族においてはなおいっそう困難である。「第一世代」に属する父親は、受け入れ側の社会における行動のコードをうまくマスターできない。しばしば彼らはその社会の言葉と文字を不完全にしか知らない。彼らは低賃金で威信を示しえないような仕事をしている。その結果、父親は肉体的には存在していても、子供たちの目にはもはや権威などもたない。家族の調整的役割のこの消滅は、反動として警察をよりいっそう強化し、さらに多くの刑務所を建設し、あらゆる犯罪の処罰をもっと重くすること、一般に、どのような権威の問題のためにも裁判に訴えることへのアピール——ポピュリストの——を生じさせる。もちろん、むなしい解決策である。警察は家族の代わりをすることができないからである。

さまざまな新しい権威が今日、創出されつつある。あまりに多いので、その総決算をすることはできない。だが確かなことが一つある。家族の内部でいっさいの権威を行使することを放棄することは、さらに多くの問題を創造することであって、問題を解決することではないということである。

外国人との交流

現代に至るまで、世界はそこに住んでいる人々のこれほど激しい交通を経験したこともなければ、異なった諸国の国籍保有者どうしのかくも数多い出会いを経験したこともなかった。もろもろの人民と個人のこの動きの理由は、さまざまである。コミュニケーションの加速はアーティストと学者、スポーツマンと平和と正義のための活動家の名声を高める。つまり、コミュニケーションの加速によって、彼らはすべての大陸の人々と接触するのである。旅行のスピードと容易さは、金持ちの国々の住民に集団で観光旅行を行なうことに向かわせる。経済のグローバリゼーションもまた、そのエリートを地球上のいたるところに赴かせ、労働者には仕事を見つけることができる場所へと行くことを余儀なくさせる。貧しい国の人々は、あらゆる手段によって、工業国の裕福さに到達しようと試みる。そこにまともな生活の条件を見出さんがためである。ほかの人々は自分たちの国を荒廃させる暴力――戦争、独裁、迫害、テロ行為――から逃れ去る。これらの住民の移動の原因に対して、数年前から、気候の温暖化の影響、気候の温暖化が引き起こす干ばつとサイクロンの影響が付け加えられる。国連の高等難民弁務官によれば、海面水位が一センチ上昇するごとに、世界中で数十万の移住民が発生する。二一世紀とは、きわめて多数の男女が自分の出身国を立ち去り、一時的であれ長期にわたるのであれ、外国人というステイタスを採用しなければならない世紀のようなものを予告しているのである。

いかなる国も、その市民とそうでない者、つまりまさしく外国人とを区別する。一方と他方は同じ権利も同じ義務ももたない。外国人は、この国の法律に服従する義務をもつ。たとえ自分が住まう国の運営に参加していないとしてもである。しかし彼らは、同じ野心に駆り立てられ、同じ欠如に苦しむ、他者〔一般市民〕のような男女であることをやめない。ただ、他者よりもしばしば、彼らは困窮に襲われ、自分たちの周囲に援助を呼びかける。私たちは全員が関係している。というのも、外国人とは、私たちの隣人であるばかりではない。それは不確定な運命にもてあそばれる、昨日の、または明日の私たち自身だからである。私たちひとりひとりは潜在的には外国人なのである。

外国人嫌いは非難されるべきである。しかしだからといって、外国人びいきが望ましいということにはならない。共同体のなかに外国人たちがいることは、さまざまな問題の原因となる可能性が――可能性も――あるということを容認することからも始めなければならない。それは彼らが「アラブ人」、または「アフリカ人」、または「イスラム教徒」、または「マグレブ人」だからではない。そうではなく、まさしく外国人だからである。誰でもが、自分が実存していると感じることができるためには、ある程度の社会的承認を受け取ることを必要としている。社会的承認を見出すことができないとき、暴力がそれを獲得する手段になる可能性がある。ところで、外国人はこの社会的承認を手に入れるのに現地人よりもはるかに困難を来している（彼が彼と同じく新しい国に亡命した彼自身の同国人と相対するのでない限り）。しばしば、彼は受け入れ国の言語も文化的コードもよくは知らない。そのうえ、彼の態度物腰を奇妙だと思う現地の人たちの反感を食らう。それに加えて、これら不利な状態に置かれた外国人たちのあいだで犯罪がいっそう多いことに驚いてはならない（すべての外国人がこのような状況にあるわけではないことは明記しておかなければならない）。

しばしば、この事態は次世代、つまり外国人の子供たちにおいては解決されない。経済的または政治的な理由に動かされたのだとしても、親たちは彼ら自身の意志で移民をした。彼らは自分たちが住む場所を選択した。親たちははじめは一つの文化を、出身国の文化をもっていた。子供たちはもはやこれを自分のものにすることはできない。だが新しい文化を獲得してはいない。彼らは文化喪失に脅かされているのである。このことから、彼らの語彙は日常的な生存にもっとも不可欠な用語に限られる。この語彙のせいで彼らは経験というものをその複雑さ全体においてとらえることができない。しっかりと確立され分化した、承認の多種多様な形式の代わりに、「尊敬」と威信への要求のみが根づくことになる。われ先にもっとも威嚇的なナイフともっとももどう猛な犬、最高のブランドの靴と最新型の携帯電話を手に入れようとするのである。これらの若年成年者は自分たちを取り巻く社会のなかに自分たちを認めることができない。そしてそれゆえに、その社会のシンボルを破壊する覚悟をしている。たとえ、この破壊的身振りが彼らと彼らの近親者を傷つけるとしてもである。彼らが火をつけるのは、彼ら自身の親や隣人の車である。彼らが故障させるのは、彼ら自身の建物のエレベータである。彼らが攻撃するのは、彼ら自身の地区に通じているバスである。彼らが踏み荒らすのは彼らの用に供すべきスポーツホールである。

恵まれない集合住宅地において生活を腐敗させる危険とは、イスラムでも多文化共存でも、それ自体としての移民の存在でもない。それはそこで支配している生活条件の結果としての文化喪失のこのプロセスなのである。この困難に対する答えとは、すべての移民は潜在的な犯罪者だという考えを広めることではない。前もって決まった数字との関連で決められる大規模な強制退去は、それ自体として衝撃的である。その際、個々のケースの特殊性はつねに無視される。人間を数字に還元するのである。何年も前から、フランス語を話しつつ、フランスに住んでいる人たち、フランスで働いている人たち、フランスで家族的なつながりをもっている人たちを、なぜ彼らの出身国に送り返さなければならないのか。彼らが外部の助けなしに同化に成功し、かくして一国にとって有益になることができるということを、なぜ活用しないのか。彼らは自分たちの存在が正規なものとされるときから、ますます自分たちを役立てることができるだろう。

共によりよく生きる

つまり、問題はつぎのように提起される。すなわち、外国人の存在が外国人にとってより容易になり、現地人にはいっそう有益になるためには、何をすべきなのか。すでにみたように、どんな社会も多文化共存的である。そしてそれ自体としては、このことは何の問題にもならない。しかし一つの社会の構成員は同じく共通の諸要素を所有しなければならない。これらの共通の要素が彼らに共に生きることを可能にするのである。一国のすべての住民に対する最初の要求は、彼らがその国で生まれようと、よそからやってこようと、彼らがその国の法律と制度を尊重すること、つまりベースとなる社会契約に同意することである。反対に、文化的アイデンティティをコントロールすべき理由は存在しない。一般に、移民の文化は、大多数の人々の文化とは異なっているが、その国の文化を形成する合唱に加わることを定められている。

しかしながら、文化的伝統の要素であるある種の習慣は、この習慣を実践する人々が暮らす国の法律と食い違うことがある。どうすべきか。原則的な答えは、たとえ個別的ケースへの適用が問題を引き起こすとしても、複雑ではない。すなわち、民主主義国においては、法律は習慣に優先するのである。法律に違反していないとすれば、問題の習慣が許容範囲だということである。反対に、いかなる軽減情状も「名誉犯罪」には認めることはできない。一家の父や兄弟が娘や姉妹を、幽閉、暴力、さらには殺害によって罰することを決めるときである。このような犯罪は、暴力であれ殺人であれ、ある種の伝統においては赦免されるからといって許容することなく、法律のありとあらゆる厳格さをもって罰せられなければならない。他の場合には、個別的な措置によって、これこれの習慣を現在の状況に適合させることが可能になる（フランスでブルカにかんする法律を発布することによって行なうことに決めたのは、このことではない）。

同じ土地に住む出身地の異なった複数の共同体間の良好な共存の第二の規則とは、それらの共同体が、それらに固有の文化的伝統以外に、共通の文化的土台、すなわちこの社会における現行の規範にかんする一連の知識を所有しなければならないということである。ここにこそ教育の役割――学校を含み、だが学校ばかりでなく、その国の政治的責任者までをも含む意味での教育の役割がある。その目的は、社会の多種多様な文化が相互にコミュニケートすることを可能にする共通の枠組みを産出することである。そこで獲得される規範は、多元的である道徳的で政治的な価値ではなく、万人に同じ社会的空間に到達することを保証する文化的な諸要素にかかわっている。ここで第一番目に来るのは言語である。言語をマスターすることは、いかなる共同生活に参加するためにも、まったく別な文化的要素を獲得するためにも不可欠である。言語のマスターは個人のためになるが、国家のためにもなる。国家はこのようにして個人の能力を活用できるのである。言語を話せないすべての人々のために、言語教育を無料で義務的なものにすることは法外なことではない。このような投資が採算が取れることはすぐに明らかになるだろう。

言語に加えて、一国の住人はまた共通の記憶をも必要とする。学校の役割とは共通の記憶を住人に伝達することであるが、今日、同じクラスで多数の国からやってきた子供たちに出会うことができるために、この役割は複雑化している。彼らの出身文化への到達を助長するように努めるべきなのだろうか。これは公立学校の役割ではない。公立学校は、成功した社会生活のための保証物件である同じ文化を万人がマスターすることを目標とする。しかしこの教育の内容そのものの方向を変えることができる。生徒たちは自分たちが生活している国の歴史を学ばなければならない。この歴史はおそらく生徒たちの将来の実存の枠組みとなる。だがこの過去を敬虔な物語として解釈しなければならないということではない。この敬虔な物語においては、自国民は非の打ち所のない英雄と無垢な犠牲者という二つの役割しかけっして演ずることがない。その共同体について批判的な観点を取り入れるべく促す正反対の立場は、より優れた教育的なメリットをもっている。欧米諸国は何世紀にもわたっておたがいに戦争をしてきた。また遠隔地の住民を支配しようとした。今日、昔日の敵対者がこれらのエピソードについて抱く認識の内容を知ることは、ひじょうに教育的であることができる。しかし問題なのはバラ色の伝説を暗黒の伝説でもって置き換えることではなく、むしろ万人を善と悪に厳格に分類しようとする善悪二元論的慣習を克服することである。この仕事が正当化されるのは、文化的多様性を考慮に入れなければならないからである以上に、この仕事がもたらす自己の充実によってである。

現地の人が外国人に対してできることのそばに、外国人が現地の人に対してできること、そして彼らが意識的であれ無意識的であれ、すでに行なっていることを位置づけなければならない。移民は西欧諸国に対して数多くの利益をもたらす。最近の移民は現地の人に軽蔑される仕事をすることを受け入れていることはいうまでもないが、周知のように、移民は住民に不可欠な若返りに一役買っている。このようにして、年金生活者に比較して労働人口を増加させるのである。一般に、移民はすべての新参者の特徴である野心とバイタリティにあふれ、進取の気性にも刷新の能力にも突き動かされている。

そうとは知らなくても、彼らはまた受け入れ側の住民に貢献している。差異によって、彼らは受け入れ側の住民に他者の眼差しを通して自分を見ることを可能にする。この能力は人類の天性に属する能力である。実際、私たちの野蛮さ、あるいは文明化の度合いは、私たちと異なった他者をいかに認識し受け入れるかによって測られるからである。野蛮人とは、他者は自分たちに似ていないがゆえに、劣等の人類に属し、軽蔑もしくは尊大さをもって扱うべきだと考えている人々である。文明化されていることは高等教育を修めていること、またはたくさんの本を読んでいること、つまり大きな知を所有していることを意味するものではない。周知のように、このような知識は完全に野蛮な行為を妨げなかったからである。文明化されているとは、たとえ他者が私たちのとは異なった顔と習俗をもっていても、他者の人間性を十全に承認できること、自分自身を外部からみるために他者の位置に身を置くこともできることを意味する。

過去と現在の偉大な宗教は個人に対して、歓待することを、飢えた者、渇いた者を助け、隣人を愛することを推奨している（周知のように、隣人とは親しい者ではなく遠隔地の人である）。このような推奨は国家に対して行なうことはできない。それでもなお、国家の指導者が外国人嫌いのような原始的な政治的情熱をちやほやすることを控えなければならないことに変わりはない。今日の世界においては、外国人との出会いが増加する宿命にあるが、彼らの国においても私たちの国においても、この出会いを最高度に活用するのは私たちの責任である。あちらでは援助によって、ここでは同化によって。私たちの利益と私たちの良心は同じ方向へと私たちを駆り立てるのである。

私が現代社会における外国人と移民について、彼らが現地の人と維持する関係について、またおたがいに自分たちの出会いから引き出すことができる利益について長々と話してきたのは、外国人嫌いと移民の締め出しとがポピュリストのイデオロギーの中心にあるからである。日常的実存をかき乱すすべてのものに対する簡単でわかりやすい説明を見出す必要に駆られて、このイデオロギーは身近な敵対者をでっち上げ、私たちの不幸の責任を負わせるのである。人類にとって理解不可能なものと化した世界を前にして、いまや過去のものよりもはるかに優れているコミュニケーション手段の恩恵を受けて、ポピュリストは、いかに空しいものであろうと、奇跡的な治療薬に対する公衆の同意を獲得するという幸運に恵まれている。彼らは自分たちの眼差しを現在を超えて投ずることを拒否し、多数の観点、利害の衝突、社会の不均質性を無視することのほうを好む。絶えず人民を引き合いに出しながらも、彼らは民主主義をその真の使命から逸脱させ、ちょうどメシア信仰と新自由主義の信奉者のように、民主主義に重大な危険を被らせるのである。

第7章　民主主義の将来

民主主義——夢と現実

二〇一〇年から二〇一一年にかけての冬期間、世界は思いがけない出来事に立ち会った。中近東の多くのアラブ諸国で、住民が自分たちを支配している独裁者たちを断罪し、自国に民主主義体制が樹立されるのをみたいという願望を表明したのである。ある地方では、運動は成功を博し、他の地方では容赦のない抵抗に出会い、いまなお結末がどうなるかわからない。だが、これらの国の政治的運命がどうであろうと、民主主義的なモデルが、今日、これが誕生するのを見た欧米世界を超えて大きな魅力を行使していることは、すでに既成事実と見なすことができる。この事実は、南米や東南アジアではすでに働いているこの同じモデルが、なるほどいっそう制限されてはいるけれども——というのも、反対者がいっそう強力だからである——中国である役割を演じているのがみられるだけに、ますますの驚きである。中国の反体制派もまた民主主義を標榜しているのである。ある政治体制に対するこのような好みは、しかし欧米世界と合体したいという熱望を伴ってはいない。アメリカやヨーロッパの帝国主義と植民地主義の犠牲者となったこれらの国では、欧米世界に対する怨念は根強く生きている。それらの国の住民がもっと多くの民主主義を熱望しているのをみることは、ますます示唆的である。つまり、この理想はその起源とは無関係に深く愛されているのである。

この熱望はいくつもの要素を含んでいる。そのうちの一つは経済的要求を通じてあらわされる。これらの国の住民の大半の人々が生活している貧困状態、さらには極貧状態は、教育の行き届いた中流階級が形成されて以来、同時に公的なメディアによって地方や外国の特権者たちが生活している富裕のイメージがいたるところに広められて以来、とりわけ耐えがたいものと化した。いっそう民主主義的な体制が万人に繁栄をもたらすことは疑わしいとしても、国家の小うるさい監視や権力の友人たちによる経済の独占支配から逃れ出す可能性は、改善への希望を生み出す。しかしこのような経済的な気遣いだけではまったくない。経済的な気遣いに加えて、法治国家への要求を聞くことができる。法治国家においては、市民は役人の腐敗、権力者の同族登用、警察の自由裁量を免れることができるのである。あるいは、基本的な個人的な自由の要求である。怖がることなく、自分の政治的信念、宗教的な偏愛、または生活様式の選択を表現する権利である。マスメディアのための多元制といっそう大きな自由も要求される。民主主義的制度になじんだ一部の住民が要求するのは、自由選挙、複数政党制、および選挙による委任の期間制限である。

おそらくは不適切な用語で「アラブの革命」と呼ばれたこれらの運動は、すでに最初の結果をもたらしている。すなわち、いくつもの非ヨーロッパ諸国の住民は、ヨーロッパ諸国民の熱望を分かちもっていることを、これらの運動は示したのである。アラブ文明もイスラム教も民主主義の魅力を感じることを妨げはしないのである。同時にこれらの運動は、深く考えるにあたいする政治的教訓を残した。すなわち、この住民は爆撃によって国を占領され、民主主義が強要されるとき、これを拒絶するということである。逆に、住民自身が要求の起源にあるときは民主主義を擁護するのである。つまり、この機会に発見されたのは、理想への到達方法は、理想の内容よりもなおいっそう重要でありうるということである。

インターネットがもたらした科学技術革命によって、またいまや情報が流通する比較を絶する自由さによって、この変動はよりいっそうの自律性をもち、自分たちが理解するままに自分たちの共同生活を組織したいという個人および人民の欲求を神聖なものに祭り上げる。この欲求にロードローラーの力を与えるのは、この社会基盤である。しかしながら、現在の運動が到達する体制が、欧米に存在している民主主義と似たものになるかはまったくわからないし、この体制がいかなるものであれ、以前の専制君主よりも欧米に対して好意的であるかどうかもまったくわからない。最近の歴史が私たちにくり返し示したのは、革命がその国を不幸な道へと率いていくこともあり、新しい独裁者が失脚した独裁者に取って代わる場合もある、ということである。それでもなお、民主主義国家というきわめて一般的な理念が、今日、世界全体で肯定的に受け取られていることには変わりない。

この感情は二〇世紀の後半に、とりわけ八〇年代に終わりに、東欧諸国にすでに存在していた。私がその証言者である。欧米の民主主義国が私たちを惹きつけたのは、同時に、民主主義国がいっそう繁栄していたからであり、かつ住民の個人的自由を保障していたから、すなわち法の公平な支配をすでに確立し、ある種の権力を国民に授けていたからである――実際、つぎの選挙の際、国民はその指導者を解任させることができたのである。私たちの昔の体制もまた民主主義と呼ばれていた――「人民」と付け加えられていたのは、まるで事実の欠如を贅言によって補うためであるかのようである。だが私たちはよき民主主義はよそにあると考えていた。そしてよき民主主義は私たちの理想でありつづけた。この古い民主化の波と私たちが目下、目の当たりにしている波とのあいだには差異が存在するが、その差異は別の次元に位置する。私たち東欧の人間にとって、民主主義への到達はヨーロッパ諸国民の一団に参加することを意味していた――今日のアラブ諸国においてはそうではない。他方で、これらアラブ諸国は、私たちが全員モスクワに依存していたように、唯一の中心にコントロールされてはいない。

私たちが民主的価値観の優越性に置いていた信頼は、その間に共産主義の楽園を逃げ出し、私のように西欧に居を定めていた人たちのなかにも維持された。しばしば、欧米的価値観の無条件の擁護者が見出されれるのは、まさしく彼らのうちである。この人たちは自分たちの出身地である世界の部分に欧米的価値観を押しつけるためにはいかなる手段をも推奨することをためらわない。私はいまでも、一九六七年、合衆国のイェール大学での騒々しい集会のことを思い出す。この集会で、敵対的な聴衆を前にして、ひとりのチェコ人の移民がヴェトナムに対するアメリカの介入を勇敢にも擁護したのであった。反共産主義者のなかでもっとも好戦的なのは、転向した旧共産主義者である。彼らはこのようにして、自分たちの過去の厄払いをしたのである。今日でも同じ現象を目撃することができる。中近東への欧米の軍事介入のもっとも熱烈な信奉者は、しばしばイラク、アフガニスタン、あるいはリビアからの亡命者、すなわち抑圧的な体制の犠牲者であるが、往々にして失望したかつての特権者でもある。欧米人の対話者の無気力に憤慨し、彼らはためらいもなく呼びかける。私の人民が苦しんでいるのに、あなた方は腕組みをしたままでいることができるのですか。私の人民があなた方の民主的体制にはまだふさわしくない、程度の低い人間で構成されていると思っているのですか。

バンジャマン・コンスタンの一文を引用したい。コンスタンは個人の私生活について語りながら、つぎのように指摘している。「あなたから逃れ去る対象は、あなたを追跡している対象とは必然的にまったく異なっている。[1]」彼はこのようにして、人間的な情念と欲望の世界においては、対象の位置はその内容に劣らず重要であることを想起させている。私はコンスタンの観察の射程をさらに押し広げる誘惑に駆られる。私が欧米で生活している時間が、生まれ故郷における過去の二倍を超えたいま、私は相変わらず私のかつての同国人たちの反応をもっともだと思っているが、それだけで満足はしていない。時間とともに、私は民主主義体制を理想として夢見るよりもむしろ、その体制内で生まれ、民主主義が全体主義や軍事独裁よりもすぐれているだけでは満足させるに足りない人々と観点を共有するようになった。彼らはしばしば自国に対して批判的な立場を採用している――たしかに、ソヴィエトの勝ち誇ったプロパガンダの時代のように、よそにあると仮定された楽園との比較によってではなく、現実の国と宣言されたその理想との比較対照によってであるが。彼らは過ぎ去った過去へのノスタルジーによってではなく、よりよき未来への欲望に駆り立てられてこうした批判を行なう。かくして、つぎのような逆説的な結論、しかしコンスタンが明らかにした論理ではもっともである結論へと到達する。すなわち、あなたに欠けている民主主義は必然的に、あなたがすでに手に入れているものよりもすばらしい……。たしかに、自分自身の社会を批判にゆだねる能力は、この政治体制そのもののの、およびこの政治体制をみちびく啓蒙主義精神の異論の余地なき獲得物の一部をなしているのである。

この書物を始めるにあたって注意を促していたように、民主主義体制はただ一つの性格に還元されるのではなく、いくつもの切り離された原則の連接と均衡を要求する。そこから、その強さと弱さがやってくる。いかなる原則も、それだけでは、人が生活している国家の美点を保障するに足りない。いかなる目標も無条件によいということはない。たとえば、国家または政府の首長は、ある家系（王家）への所属によって押しつけられたり、軍事クーデタの力でもって強制されるよりも、人民によって選ばれることのほうが好ましい。しかしそこには、この選択がよかったという保証はまったくない。先日、ある友人が私に言ったように、チャベスはベネズエラで合法的に選ばれた。イタリアでは、ベルルスコーニは何度も合法的に選ばれた。最近ではハンガリーでオルバンが選ばれた（その友人は付け加えなかった、ドイツでヒトラーが選ばれたように、とは）。しかし、彼らの政治的行為は民主的な価値観を高める例証とはならない。それはそうである。だが、民主主義は共産主義体制の場合のように、みずからの不謬性を主張したことはけっしてない。民主主義という構造物の他の要素が、首長の逸脱に対してバランスをとると見なされているのである。そういうわけで、上記三人の人物はいくつかの根本規則に挑んだ。チャベスは終身大統領になろうとした。ベルルスコーニは自分自身の国の裁判を逃れようとした。オルバンはジャーナリストの自由を封じようとした。彼らが（ヒトラーと違って）まだそれに成功していないことは、民主主義の生命力のしるしである。

一つの原則が他の諸原則を犠牲にして拡大することが全体を脅かすことになるのは、このタイプの体制が同時にいくつもの原則に根拠を置いているからである。

かくして、住民の物質的な安寧を確固たるものにすることは望ましい結果ではあるが、この目標がまったく別の目標の排除によって追求されるのであれば、しまいには金銭・消費・気晴らしの崇拝に捧げられた世界で生きることになる。一国の全体的な豊かさはまた、富裕な少数者がますます豊かになることを意味することがある。一方、取り残された人々はますます増加していく。この場合、一国の繁栄は手段であって、目的ではないことが忘れられているのである。

高々と宣言された民主的国家の平和的な意図は、この同じ国家が遠国で、そこに進歩をもたらし、今日、人権と同一視される普遍的な価値観を擁護するという理念によって正当化された戦争を遂行しているのでなければ、見習うべき立派な例を提供するだろう。ところで、侵略される住民にとって、問題である崇高な価値観はしばしば、戦争当事国の真の利益を隠蔽するとみなされる、たんなる仮面のように見える。そしてこれらの戦争は、征服者にいっそうの威信、権力、豊かさを手に入れさせるべき征服の企てに劣らない惨憺たる結果を招くのである。

人民が権力の源泉であることを要求することは正当である。だが今日のメディア社会は、当該人民の操作を容易にし、人民の情熱の過剰を制限するために用意されたさまざまな制度的緩和措置を廃止したりする。民主主義はそのときポピュリズムに置き換えられ、社会内部の多様性や、直接の満足を超えた長期的な国の要求を考察する必要性を無視するのである。

個人の自由は民主主義の根本的要請である。しかしすでに見たように、個人の自由は脅威へと姿を変える可能性がある。家族、職業的環境、地域への定住に由来する伝統的な社会的紐帯からの解放は、逆説的に諸個人を画一化する。個人は一日中ずうっと同じ情報、同じ広告、同じ流行を摂取する。その結果、退けられた外的な束縛は、それに劣らず厳格な順応主義に置き換えられる。同時に、自由は権力を駆使することを可能にする。ところで、ある種の個人的な権力は、いっさいのコントロール、いっさいの制限から逃れ出る。かくして、モンテスキューの黄金律に違反するのである。現代においては、政治権力は多国籍企業、銀行、あるいは格付け取扱事務所の経済的権力を制限することは不可能だし、望ましいことでもない。ところで、個人の絶対的自由は望ましき目的ではない。人間社会の特性とは、共同生活を組織する禁止と規則にもとづいて構成されているのである。

これらすべての逸脱が共有している特徴とは、それらが外部からやってきた攻撃に由来するのではなく、民主主義それ自体の内部の諸原則に由来するということである。映画監督のスタンリー・キューブリックが自分の映画『フルメタル・ジャケット』（一九八七年）について調査をしていた時期に、ヴェトナムで戦うために出発する前の海兵隊員の訓練について記述しながら言ったように、「私たちは敵に出会った。それは私たちである」。

私たちの内なる敵

いかなる幻想も、私たちの生活様式は、よそで生きている人々、あるいはかつて生きていた人々の生活様式よりも好ましいという幻想ほど払拭しがたいものはない。私たちは今日、連続的で線的な進歩という理念を信じない。だからといって、私たちがよき方向に進んでいると期待することができないわけではない。すでに見たように、こうしたパースペクティヴは民主主義の計画に固有のものである。しかしある種の観察者を信じるならば、私たちの時代は文明化の過程によって特徴づけられるどころか、ますます増大する暴力化の状態を例証している。その証拠が残酷な二〇世紀である……。

状況は今日、なるほどそれほど劇的ではないが、幸福感は民主主義国での生活を支配している感情ではない。二〇一一年、ヨーロッパで問題となったのはとりわけ、ヨーロッパの不況と弱さ、欧州連合に所属している諸国家によって表明された、自分たちが遂行しなければならない政策について合意する能力のなさ――この合意は不可欠であるように思われたが――、あるいはまた若い欧州通貨ユーロの脆弱性であった。これらの国家の首長たちは、ほとんどいつも、国民のなかの一個人のように振る舞い、自分自身の利益に時間を割き、公益の擁護をなおざりにすることに決めている。ヨーロッパが「静かな大国」〔トドロフ『イラク戦争と明日の世界』参照〕となるのを見たいという希望は近づいてこない。合衆国においては、ティ・パーティという影響力のある運動が、一国の内政と外交を連帯とは反対する方向に変え、公益のための政府のいっさいの介入を疑惑の目で見ている。半世紀以上前のフランスのプジャード〔一九五三年、中小商工業者の政治的不満を背景に反議会主義的な極右運動を起こした。税の不払いを呼びかけた〕派の人たちのように、その支持者は徹底的な減税を要求し、富の再分配という考えはこれをいっさい放棄することを要求している。オバマ大統領は、しかしながら彼は妥協という中道主義的な立場に就くことを熱望しているのであるが、社会保障とか環境保護的な節度という彼の改革を促進することができず、彼の反対者たちから危険な過激主義者（お好みに応じて、血を好む共産主義者、またはアラブ人のテロリスト）呼ばわりされている。
「人道主義的な」戦争は、これを遂行している国々においてほとんど抵抗を呼び起こさず、好評をさえもって迎えられ、欧米の軍事介入の規範と化している。この戦争が政治的なメシア信仰の再出現であるにもかかわらずである。政治的なメシア信仰が引き起こすもろもろの危機にもかかわらず、ウルトラ自由主義的なイデオロギーがつねに数多くの国々の政府のサークルを支配している。経済的なグローバリゼーションは人民から政治権力を奪い、精神の初期化状態に行き着くマネジメントの論理がいたるところに広まっている。ポピュリズムと外国人嫌いが交差して、過激主義政党の成功を保証する。

民主主義はその行き過ぎによって病んでいる。そこでは自由は暴政と化し、人民は操作可能な群集へと姿を変える。進歩を促進しようとする欲望は、十字軍の精神に変化する。経済、国家、法は万人の開花のための手段であることをやめ、いまや非人間化のプロセスの性質を帯びている。日によっては、このプロセスは不可逆的であると私には思われる。

それでも民主主義国で生活することは、全体主義国家、軍事独裁、あるいは反啓蒙主義の封建体制における服従よりも好ましいことに変わりない。だが、このようにして民主主義自体によって産み出された内なる敵にむしばまれた民主主義は、もはやその約束の高さにはない。これらの敵は民主主義を外部から攻撃した過去の敵よりも怖くない外観をもっている。プロレタリア独裁を樹立しようともくろみはしないし、軍事クーデタの準備もしない。情け容赦ない神の名において自爆テロをおこなうこともない。民主主義の衣装をまとっており、それゆえ気づかれぬまま通り過ぎることができる。それでも、これらの敵は真実の危険をはらんでいる。これに対していかなる抵抗も対置しなければ、これらの敵はしまいには、いつの日かこの政治体制からその実質を排除することになるだろう。それらは人間の自己喪失と人間生活の非人間化へとみちびくのである。

私たちはつねに、私たちが断罪するものは、私たちとは全面的に無縁であると考えることを好んでいる。私たちが通常、忌み嫌う人々に私たちは似ているという考えはとても耐えがたいので、私たちは大急ぎで彼らと私たちのあいだに乗り越えがたいと思われる壁を建立しようとする。ところで、もう一方の極端に行って、さまざまな政治体制をおたがいに同一視しようとしなくても、異論の余地のない対立はあるものの、共通の枠組みがしばしば存在することを認めることは私たちにとって得策以外の何ものでもない。民主主義のように、全体主義は合理的思考と科学とを引き合いに出す。民主主義は植民地主義とも共産主義とも混同されることはないが、しかし三者ともしばしばメシア思想の精神に突き動かされている。この親近性は二〇世紀史を支配した全体主義国と民主主義国の全面対決によって隠蔽されていた。大陸のような国の莫大な資源が共産主義のイデオロギーの役に立っていたソヴィエト陣営は、真のライバルであり敵と化していた。このことが差異の強調を正当化していたのである。それは「悪の帝国」であり、それ以上でも以下でもなかった。冷戦後のその崩壊には、その住民を解放するという利点はあったが、同時に欧米列強からこの敵対する大国を奪うという難点があった。この敵対する大国は欧米列強の覇権への熱望に対するブレーキのごとくに作用していたのである。欧米列強は同時に、両陣営のコントラストを目立たせるために、無意識に美徳にもとづいて行動するように自分たちを促す、引き立て役のパートナーを失ったのである。

敵との親近性が発見すべきものとしてある似たような事実の隠蔽は、ナチスの全体主義の崩壊の直後に出現していた。第二次世界大戦の終戦、およびナチズムの犯罪――とりわけ絶滅収容所と強制収容所における住民全員の殺戮と奴隷化――の暴露以来、欧米の世論は、私たちをこれらの怪物から切り離す距離をつねに強調してきた。現代にいたるまで、歴史家、小説家、映画人が、これらの行為の張本人たちの動機は、私たちが共有できるような質のものだと主張するたびに、抗議がわき起こる。そのとき、過去の出来事を理解しようとすること、あるいはたんに背景のなかに置くことは、それらの出来事を許容することになると宣言される。ヒトラーは私たちと共通のある種の特徴をもった人間であると考えることは、私たちを憤慨させる。この悪は恐るべきものであり、だから私たちは、それが私たちの歴史からも本性からも外部にある怪物じみた異常だと考えるほうを好んでいる。

しかし、耳を傾けたくなくても、逆を主張する少数意見にも事欠かない。ナチズムの知的歴史について考えながら、ナチズムについてもっとも洞察力の鋭い専門家のひとりであるジョージ・L・モッセは、ナチズムのベースにある人種主義がはるかに尊敬すべきさまざまな教義と諸特徴を共有していることに注目した。人種主義は――と彼は書いた――「ヨーロッパ思想の錯誤とか孤立した狂気の時期なのではなく、ヨーロッパという体験の不可欠な一部をなす」。それは「近代が絶えず推奨してきたあらゆる美徳に結びつけられている」(2)。戦時中、フランス自由軍の戦闘員であったロマン・ガリは、彼の初期の書物から、敵の人間性を、あるいは同じことになるが、私たち自身の非人間性を明らかにしようとした。一九四六年に出版された小説『チューリップ』では、ハーレムの黒人であるナットおじさんはつぎのように宣言する。「ドイツ人のなかに罪深いものがあるとすれば、それは〈人間〉である。」その後、『善い半分』では、アルジェリア人ラトンはその友人リュックにいう。「世界中に何人いると思う、シュルー〔ドイツ人の蔑称〕の奴らは？　三〇億人だよ」[3]。ガリにとって、ナチズムを説明するために召喚しなければならないのは、近代だけではない。人類史全体である。

私たちの内部に敵を発見することは、敵が私たちから遠くにあり、まったく異なっていると考えることよりもずっと憂慮すべきことである。民主主義は、ナチあるいは共産主義の全体主義という醜悪な敵をもっているあいだは、その内なる脅威を知らぬままに生きることが可能であった。今日、民主主義はこれらの脅威に立ち向かわなければならないのである。民主主義がそれらを乗り越える可能性とはいかなるものだろうか。

根本的な転倒が可能である（さらに望ましい）とも、革命があらゆる問題を解決できるとも私は思わない。民主主義の現在の変化は、陰謀の結果でも悪意ある意図の結果でもない。そういうわけで、これらの変動はブレーキをかけることが難しいのである。変動はメンタリティの変化に由来するが、この変化自体、科学技術から地政学を通って人口統計学までにいたる、多数で匿名の密やかな一連の変化に結びつけられている。個人の地位向上、経済の自律化、社会の金もうけ主義は、国民議会の命令によっても、新しいバスティーユの奪取によっても廃止することができない。全体主義体制の体験が目の前にあって、もしこれらの歴史的な骨組みを知らなければ、人は不可避的に破局へと向かっていくと私たちに想起させる。私はまた、救済は万人の生活をいっそう容易にするような何らかの科学技術上の刷新にあるとも思わない。技術は過ぎ去ったばかりの世紀を通じて異例の進歩を見せ、物質をますます制御することが可能にしたが、この進歩自体が驚くべき結論に到達した。すなわち、いかなる技術も私たちのすべての期待を満足させることはけっしてないという自覚である。もろもろの道具を際限なく改善するだけでは十分ではない。同時に、到達しようとする目的をめぐる問いを自分に課さなければならない。すなわち、いかなる世界で私たちは生きることを願っているのか。私たちはいかなる生活を営もうとしているのか。

つまり、私はつぎの極端な解答のいずれをも信じない。このような問いの隠蔽は往々にして、あきらめ、シニズム、またはある人々が虚無主義[4]と呼んでいるもの——すなわち、人間のすべての活動はむなしく、世界は破滅へと向かっているという確信——へと通じている。だが私の場合はそうではない。私が、結局は肯定的なこうした精神の傾向のもろもろの源泉について問いかけるのは、私がそれらの源泉を、私が世間知らずであるかもしれないことは別にして、私が日々接している諸個人の日常的な行動のなかに見出すからである。エゴイストな行為、権威主義的な行為、または悪意のある行為には事欠かない。だが私はこれらの個人が、愛、遠近を問わず他者に対する献身、認識と真実への情熱、自分たちの周囲に意味と美を創造する必要に駆り立てられるのを見る。これらの熱情は私生活にのみかかわっているのではない。それらは私たちの種に本質的に属する人類学的特徴に由来する。それらはある種の社会制度や社会的プロジェクトのなかにも見出される。それらの制度やプロジェクトのおかげで、一国のいかなる住人も司法活動、保健システム、公教育、社会事業の恩恵に浴することができるのである。

これらの行動が示しているエネルギーが、いかにして現在の政治生活の大きな傾向を変化させることに一役買うのかを私は知らない。しかしながら、このエネルギーが永久に影響をもたらさないままであるとは、私にはどうしても想像できないのである。

再生に向かって？

私が私たちの病への治療薬を見出すのは、政治的または科学技術的な革命よりも、民主主義的な計画の意味をふたたび見出し、その大原則――人民の権力、進歩への信仰、個人の自由、市場経済、自然法、人間性の神聖化――によりよき均衡をもたらすことを可能にするようなメンタリティの新しい変化のなかである。私たちの周囲にこの変化について人々が必要を感じている徴候を観察することができる。たとえば、最近の金融危機によって引き起こされた論争（これらの論争は具体的な結果をもたらさなかったが、少なくとも根本的な問題は提起された）、あるいは科学技術的な事故（フクシマの事故のような）によって引き起こされた論争である。あるいはまた、まったく別のジャンルでは、スペインやギリシアのような、いくつもの欧米諸国における街頭でのデモである。これらのデモは「怒れる者たち」によって組織されたが、この若者たちが要求するのは民主主義を他の体制によって置き換えることではなく、民主主義の現実をその理想により近づけることである。「いま、民主主義を！」ここで問題になっているのは、ほとんど関連づけられていない自発的なさまざまな運動であって、それらの運動は具体的な命題を表明するすべを知らない。だがしかし、これらの運動の意味は、十分に明確であるように思われる。これらの国々の政府によって行なわれる新自由主義的な転換を拒否するのである。その帰結がどうなるのか、民主主義の再生なのか、ポピュリズムの高まりなのか、まだわからない。だがはっきりしているのは、それらの運動は現在、機能しているような体制に不満足を表明しているということである。

政治活動の目的は、科学主義者たちが主張しているのとは逆に、世界認識から生じるのではない。にもかかわらず、自分たちが生きている社会をしかるべく理解しなければ、間違って行動する恐れがある。そういうわけで、人間の個人的で集団的な生活の諸特徴にかんする人文・社会科学が私たちに教えていることを考慮に入れることが望ましい。ここでは、リアリズムは理想主義にも道徳的目的に霊感を得た政治にも対立しない。それは保守的な事なかれ主義と盲目的な主意主義、消極的なあきらめと素朴な夢想によって形作られるカップルの彼岸に位置づけられる。このリアリズムのみが、政治家の使命に呼応している。富裕になりたいという欲望が人間存在の最高善に呼応していると信じたり、社会生活が凡百の選択の一つ、いわば任意のオプションであると信じたりすれば、民主主義の将来を適切に考えることはできない。

数年前から、エコロジックな思想が展開されてきた。これは科学に少しも対立するものではなく、きわめて部分的である科学を、人間だけではなく、人間が生きている自然的枠組みをも考慮に入れる、より完全な別の科学でもって置き換えようとするのである。この自然のエコロジーもまた補完されなければならない。あらためてフラオーを引用すれば、「今日、私たちが知っているようなエコロジーは、いまだ制限されたエコロジーでしかない。というのも、このエコロジーはこの地上に生きている物理的組織体としての人間を考慮に入れるだけで満足しているからである。全面化したエコロジーは文化と社会を、エコロジーがすでに私たちの物理的環境を思考するように思考する。つまり、それは心的実存の条件に、心的実存の脆弱さに、社会的エコシステムの脆弱さに関心を抱く」(5)。文化的帰属、社会生活は、人間の本性の一部なのである。

個人と集団、経済的な目標と意味への熱望、独立への欲望と愛着の必要のあいだの相補性を考慮に入れることが可能となるのは、このような社会的で政治的なエコロジーの枠組みにおいてである。なぜ、新自由主義の影響――たとえば、契約による法律の徹底的な置き換え、人間性を失わせる管理技術、あるいは直接的な最大限の利益の追求――に抵抗しなければならないかが理解できるようになるのも、この枠組みにおいてである。同じく、文化的多様性がもつ、または同じ道徳的価値の万人への強制がもつ利点と難点を考えることが可能となるのも、ここにおいてである。

もはや国家という舞台ではなく世界という舞台に目をやれば、自然のエコロジーの教訓は、あらためて社会的エコロジーの教訓によって補完されなければならない。最初の教訓は私たちに警戒を呼びかける。すなわち、地球の人口は絶えず増加している。多くの国の住人はいまや生活水準を向上させる手段を有しているのに対し、エネルギー、水、肥沃な土地にかんする地球上の資源には限界がある。第二の教訓とは、唯一の国家または唯一の国家グループの世界的覇権の時代は終わったということ、傲慢な政治によって他国に加えられた屈辱は、持続する不吉な結果をもつ怨念を生み出すということ、自分の優越性を心から確信しているとしても、他者に善を押しつけることはできないということ（中東における民主主義の波乱に満ちた運命が明確に例証しているように）を私たちに教えている。このことが意味するのは、私たちは多極的世界に足を踏み入れたということである。この多極的世界では、たとえ支配が善の名において行なわれようと、支配よりも交渉と相互の利益の追求のほうがよい結果をもたらすのである。しかしながら国際関係にかんするこの新しいパースペクティヴは、私たちは普遍的調和に向かって静かに進んでいるという、バスティア流の結論へはみちびかない。もろもろの集団の利害は対立したままであり、攻撃はつねに可能である。だから防衛能力はつねに必要なのである。

私は、この民主主義の再生が、このタイプの体制が誕生するのを見た大陸——ヨーロッパ——に打ってつけの場所を見出すと考えたい。なぜ、欧州連合という枠組みが、この大陸自体のもろもろの国民国家——まだ一〇〇年にしかならない以前、第一次世界大戦の前夜、世界を支配していた国民国家——の枠組みよりも好ましいのかを理解することは容易である。これらの国家は今日、あまりにも弱体化しているので、自分たちが有用であると判断する方向にグローバリゼーションのプロセスを変化させたり、世界的なレベルで能動的な役割を演じたりする能力を失っているのである。だがヨーロッパにはまた、他の巨大規模の国々、中国、インド、ロシア、合衆国、ブラジルのような大陸的国家に対して主張すべきいくつかの利点がある。たしかに、これに意識的になるには、現状に対して若干の距離を取らなければならないのであるが。ヨーロッパの利点は当面は潜在的であるだけである——だが利点が現実的であることに変わりはない。そしてヨーロッパという亀はいつの日か、自分の前を走っているウサギたちを追い越すかもしれない——とりわけ、ウサギたちが正しい方向に向かわなかったことが明らかになるときである……。

これらの利点は、本質的に長い多元主義の実践に還元される。すなわち、民族の多元主義である。これらの民族は、住んでいる土地の自然そのものにより、また海や高山によって隔てられて、相互にきわめて異なっているが、おたがいにつき合わざるをえなかったのである。思想系統の多元主義——

もろもろの思想系統が、古代以来、相互に対決し、影響し合っている。ソフィストとプラトン主義者、正統派のキリスト教徒と異端に与するキリスト教徒、ヒューマニストと反ヒューマニスト、自由主義者と社会主義者……。この多元主義の実践は、これらの土地を血で汚した数々の大量虐殺を妨げるためには、周知のように悲劇的に不十分であった。にもかかわらず、それは多種多様な非人間化に抗することを可能にするはずの価値観の土台を形成するのに一役買った。非人間化は、今日では、脳のプログラミングから行動のトヨタ化に至るまで広がっている。

ヨーロッパの人々のこれらの特徴だけでは、メシア信仰、ウルトラ自由主義、またはポピュリズムという民主主義の逸脱を退けるのには不十分である。だがそれらはレジスタンスが開始されうるための起点となる下地を形成する。ただヨーロッパが自分の前に提供されている民主主義をこのように作り直すための幸運をつかみさえすれば、ヨーロッパは抑圧的な父権制的社会と非人間化されたウルトラ自由主義的な社会のあいだの不毛な対立から脱出することを可能にするモデルを完成するのに一役買うだろう。世界の他の部分においても、他の国々が喜んで見習うようなモデルである。「アラブの春」につづいてやって来つつある「ヨーロッパの春」が夢見られはじめている。これは数百年前から着手された民主主義という冒険にそのあますところなき意味をふたたび付与するだろう。つぎのような現実的な呼びかけが聞かれ、また実行に移されるべき時がやって来たのではないだろうか。すなわち、「今こそ民主主義を」である。

地球の住民たる私たち全員は、今日、同じ冒険に巻き込まれ、もろともに成功するか失敗するかを余儀なくされている。たとえ各個人が巨大な挑戦を前にして無力であるとしても、つぎのことは、やはり真実である。すなわち、歴史は不動の法則に従ってはいない。神が私たちの運命を決めるのではなく、将来は人間の意志次第なのである。

原注*

＊ そうではない指示があるもの以外は、出版地はパリである。

第1章 民主主義内部の不具合

（1） Hérodote / Thucydide, *Œuvres complètes*, Gallimard,《Pléiade》, 1964, *L'Enquête*, VII, 10, p. 467.〔ヘロドトス『歴史』下、松平千秋訳、岩波文庫〕

第2章 古来の論争

（1） この歴史的エピソードにかんする私の解釈は、Peter Brown, *Augustin of Hippo. A Biography*, Berkeley and Los Angeles, University of California Press, 2000（初版の仏訳、Le Seuil, 1971）、および François Flahault, *Adam et Ève. La condition humaine*, Mille et une nuits, 2007. に多くを負っている。

（2） 私がペラギウスの著作を引用するのは、B. R. Rees, *Pelagius, Life and Letters*, Woodbridge, The Boydell Press, 1998. による。

（3） Fr. Dolbeau,《Le sermon 348A de saint Augustin contre Pélage》, *Recherches augustiennes*, n°28, 1995, p. 40.

（4） Saint Augustin, *Les Confessions*, GF-Flammarion, 1964.〔アウグスティヌス『告白』山田晶訳、中公バックス『世界の名著』16（『アウグスティヌス』）所収、中央公論社〕

（5） Blaise Pascal, *Pensées*, Br. 430, Garnier, 1964.〔パスカル『パンセ』前田陽一・由木康訳、中公文庫〕

(6) Louis Dumont, *Essais sur l'individualisme*, Le Seuil, 1983, p. 59–67.〔ルイ・デュモン『個人主義論考——近代イデオロギーについての人類学的展望』渡辺公三・浅野房一訳、言叢社〕

(7) Pic de La Mirandole, *La Dignité de l'homme*, Combas, Éd. de L'Éclat, 1993 ; Érasme de Rotterdam,《Diatribe sur le libre arbitre》, in : *Œuvres*, LGF, 1991 ; Michel de Montaigne, *Les Essais*, Aléa, 1992, I, 28 et I, 26.〔モンテーニュ『エセー』一、原二郎訳、岩波文庫〕

(8) René Descartes, *Les Passions de l'âme*, 152, in : *Œuvres et lettres*, Gallimard,《Pléiade》, 1953.〔デカルト『情念論』野田又夫訳、中公バックス『世界の名著』27（『デカルト』）所収、中央公論社〕

(9) Montesquieu, *Œuvres complètes*, Le Seuil, 1964, *De l'esprit des lois*, I, 1 ; XI, 6.〔モンテスキュー『法の精神』上、野田良之他訳、岩波文庫〕

(10) J.-J. Rousseau, *Œuvres complètes*, Gallimard,《Pléiade》, 1959–1995, t. II, *Le Contrat social*, I, 4〔ルソー『社会契約論』作田啓一訳、『ルソー全集』第五巻所収、白水社〕; t. IV, *Lettre à Beaumont*, p. 962.〔ルソー『ボーモンへの手紙』西川長夫訳、『ルソー全集』第七巻所収、白水社〕

(11) Montesquieu, *De l'esprit des lois*, XI, 4.〔モンテスキュー『法の精神』上、野田良之他訳、岩波文庫〕

(12) J.-J. Rousseau, *Essais sur l'origine des langues, Œuvres complètes*, t. V, IX, p. 401〔ルソー『言語起源論』竹内成明訳、『ルソー全集』第一一巻所収、白水社〕; *Discours sur l'origine de l'inégalité, Œuvres complètes,* t. III, II, p. 175, 171〔ルソー『人間不平等起源論』原好男訳、『ルソー全集』第四巻所収、白水社〕;《Lettre sur la vertu, l'individu et la société》, *Annales de la société Jean-Jacques Rouseau*, XLI (1997), 325.

第3章　政治的なメシア信仰

(1) Rabaut Saint-Étienne, *Considérations sur les intérêts du Tiers-État*, 2e éd., 1788, p. 13.

(2) Saint-Juste, *Discours sur la Constitution à donner à la France*, du 24 avril 1793, in : *Œuvres*, 1834, 1834, p. 74.

(3) Condorcet, *Cinq mémoires sur l'instruction publique*, CF-Flammarion, 1994.

（4）David Bell, *La Première Guerre totale*, Champ Vallon, 2010, p. 163 より引用。私はここでその分析に従っている。
（5）*Ibid*., p. 133.
（6）*Ibid*., p. 163, p. 205, p. 207.
（7）*Ibid*., p. 236, p. 313.
（8）*Ibid*., p. 316.
（9）Condorcet, *Esquisse d'un tableau historique des progrès de l'esprit humain*, Vrin, 1970, p. 204, 206.
（10）Lucien Febvre, 《Civilisation, évolution d'un mot et d'un groupe d'idées》, in : *Civilisation, le mot et l'idée*, La Renaissance du livre, 1930, p. 47′ また Bell, p. 244 によって引用。
（11）Jules Ferry, *Discours* du 28 juillet 1885, in : *Discours et Opinions*, 7 vol., t. I, 1885, p. 210-211.
（12）François Furet, *La Révolution*, Hachette, 1988, t. I, p. 309.
（13）D. Bell, p. 89-90.
（14）Karl Marx, Friedrich Engels, *Manifeste du parti communiste*, GF-Flammarion, 1998, II, p. 92.〔マルクス、エンゲルス『共産党宣言』村田陽一訳、『マルクス＝エンゲルス全集』４所収、大月書店〕
（15）*Ibid*., I, p. 89 ; II, p. 95 ; II, p. 100 ; IV, p. 119.〔マルクス、エンゲルス『共産党宣言』村田陽一訳、『マルクス＝エンゲルス全集』４所収、大月書店〕
（16）Martin Malia, *Histoire des révolutions*, Tallandier, 2008 ; Points-Seuil, 2010, p. 334, 369. を参照。
（17）私はこれについて拙著、*Mémoire du mal, tentation du bien*, Robert Laffont, 2000, p. 257-308 で長々と分析した〔トドロフ『悪の記憶・善の誘惑』大谷尚文訳、法政大学出版局〕。これは今度は、*Le Siècle des totalitarismes*, Robert Laffont, 《Bou-quin》, 2010, p. 783-842. に再録されている。
（18）Charles Péguy, *L'Argent suite*, Paris, 1913, p. 149.
（19）私はイラク戦争について二冊の本を捧げている。*Le Nouveau Désordre mondiale*, Robert Laffont, 2003〔トドロフ『イラク戦争と明日の世界』、大谷尚文訳、法政大学出版局〕と *La Peur des barbares*, Robert Laffont, 2008 である。
（20）H. D. S. Greenway, 《Fatal Combination of Hubris and Incompetence》（二〇〇三年九月三日付 *Boston Globe* 所

収）; M. Scheuer, *Imperial Hubris : Why the West is Losing the War on Terror*, Washington, DC, Potomak, 2005 ; M. Issikoff et D. Corn, *Hubris : The Inside Story of Spin, Scandal, and the Selling of the Iraq War*, New York, Crown, 2006 ; D. Owen, *The Hubris Syndrom : Bush, Blair and the Intoxication of Power*, Londres, Politico's, 2007.

（21） Serge Portelli,《Les mots, première dérive, premier combat》, *Mémoires*, n°53, 2011, p. 8.

（22） Michel T. Flynn, *Fixing Intel : A Blueprint for Making Intelligence Relevant in Afganistan*, Washington, DC, Center for a New American Century, 2010, p. 8.

（23） *Le monde* du 13-14 mars 2011 を参照。

（24） Pascal, *Pensée, op. cit.*, Br. 358.〔パスカル『パンセ』前田陽一・由木康訳、中公文庫〕

第4章　個人の専横

（1） Benjamin Constant, *Principes de politique applicables à tous les gouvernements*, Genève, Droz, 1980, II, 1, p. 49.

（2） *Ibid.*, II, 6, p. 58 ; XII, 1, p. 275.

（3） L. Dumont, *Homo aequalis*, Gallimard, 1077, p. 15.

（4） Helvétius, *De l'esprit*, Fayard, 1988, p. 9.

（5） B. Constant,《Additions》（1810） des *Principes de politique, op. cit.*, p. 531.

（6） F. Flahault, *Le Crépuscule de Prométhée*, Mille et une nuits, 2008, p. 60-76. を参照。

（7） *Émile, Œuvres complètes, op. cit.*, t. IV, II, p. 311.〔ルソー『エミール』樋口謹一訳、『ルソー全集』第六巻所収、白水社〕

（8） B. Constant, *Commentaire sur l'ouvrage de Filangieri*, Les Belles-Lettres, 2004, I, 7, p. 51-52.

（9） *Ibid.*, I, 7, p. 53-54 ; II, 11, p. 186 ; II, 9, p. 176 ; IX, 6, p. 332.

（10） フレデリック・バスティアの著作にはインターネット上で自由にアクセスできる。

（11） アイン・ランドの学説と人となりについては、プロメテウスの像にかんするフラオーの書物の《Prométhée,

vision ultralibérale》の章（p. 183-236）に読むことができる。

（12）*Ibid.*, p. 235.

（13）F. A. Hayek, *La Route de la servitude*, PUF, 1985, p. 148.

（14）*Ibid.*, p. 20.

（15）*Ibid.*, p. 32.

（16）*Ibid.*, p. 69.

（17）F. A. Hayek, *Droit, législation et liberté*, PUF, 3 vol., 1980-1983, t. II, p. 135.

（18）Benjamin Barber, 《Patriotism, Autonomy and Subversion》, *Salmagagundi*, n°170-171, 2011, p. 125.

（19）F. Flahault, *Le crépuscule de Prométhée, op. cit.*, p. 247.

（20）*Le Monde diplomatique*, avril 2010.

（21）Edmund Burke, *Réflexions sur la révolution en France*, Hachette-Pluriel, 1989, p. 10-11.

（22）Montesquieu, *Lettres persanes*, lettre 104, in : *Œuvres complètes, op. cit.*〔モンテスキュー『ペルシア人の手紙』井田進也訳、中公バックス『世界の名著』34（『モンテスキュー』）所収、中央公論社〕

（23）H. D. Lacordaire, *La Liberté de la parole évangélique*, Éditions du Cerf, 1996, p. 342-343.

（24）F. Flahault, *La Paradoxe de Robinson*, mille et une nuits, 2005. を参照。

（25）Alain Supiot, *Homo juridicus*, Le Seuil, 2005, p. 8.

（26）Pascal, *Pensées*, Br. 479 ; Br. 471.〔パスカル『パンセ』樋口陽一・由木康訳、中公文庫〕

（27）J.-J. Rousseau, *Émile, op. cit.*, IV, *Œuvres complètes*, t. IV, p. 503〔ルソー『エミール』樋口謹一訳、『ルソー全集』第六巻所収、白水社〕; *Dialogues*, II, *Œuvres complètes*, t. I, p. 810.〔ルソー『ルソー、ジャン＝ジャックを裁く――対話』小西嘉幸訳、『ルソー全集』第三巻所収、白水社〕

（28）Montaigne, *Les Essais*, I, 28.〔モンテーニュ『エセー』一、原二郎訳、岩波文庫〕

（29）B. Constant, *De la liberté chez les Modernes*, LGF, 1980, p. 506 ; *Œuvres*, Gallimard, 《Pléiade》, 1979, p. 79.

（30）B. Constant, *De la religion*, Arles, Actes Sud, 1999, p. 83 ; *Filangieri*, p. 135 ; *Journal* du 26 avril 1805, in :

Œuvres, op. cit.

（31） B. Constant, À annette de Gérando, le 5 juin 1815, in : B. Constant et Mme Récamier, *Lettres 1807–1830*, Champion, 1992.

第5章　新自由主義の結果

（1） A. Supiot, *op. cit.*, p. 9. 私はここで彼の分析に従う。

（2） Bascha Mika, *Die Freiheit der Frauen*, Bertelsmann, 2011. *Books*, n°22, 2011, p. 11. に引用。

（3） 私はここでときおり Jean-Pierre Le Goff のいくつかの仕事に想を得ている。たとえば，*La Barbarie douce*, La Découverte, 2003. を参照。

（4） Matthew Crawford, *Éloge du carburateur*, La Découverte, 2010, p. 56.

（5） A. Supiot, *op. cit.*, p. 255–256.

（6） *Ibid.*, p. 252.

（7） *La Peur des barbares*, Robert Laffont, 2008, p. 201–223 の数ページをこの「問題」の分析に当てた。

（8） Vassili Grossman, *Œuvres*, Robert Laffont, 2006, p. 1011.

（9） B. Constant,《Préface》aux *Mélanges de littérature et politique*（1829）, in : *De la liberté...*, p. 519.

第6章　ポピュリズムと外国人嫌い

（1） *Le Monde* du 20 novembre 2009.

（2） Condorcet, *Cinq mémoires, op. cit.*, p. 91.

（3） 拙著 *La Peur des barbares, op. cit.*, p. 119–124. でこの概念について詳細に分析した。

（4） *Le Monde* du 10 mai 2011.

第7章　民主主義の将来

（1）*Journal*, le 2 mai 1804, in : *Œuvres*, *op. cit.*

（2）G. L. Mosse, *Toward the Final Solution, A history of European Racism*, New York, Howard Ferting, 1978 ; Harper & Row, 1980, p. XIV-XV et 234.

（3）Romain Gary, *Tulipe*, Gallimard, 1970, p. 85 ; *La Bonne Moitié*, Gallimard, 1979, p. 141.

（4）Nancy Huston, *Professeurs de désespoir*, Arles, Actes Sud, 2004, p. 19-20 を参照。

（5）F. Flahault, *Le Crépuscule de Prométhée*, *op. cit.*, p. 285-286.

訳者あとがき

本書は Tzvetan Todorov, *Les ennemis intimes de la démocratie*, Robert Laffont | Versilio, Paris, 2012 の全訳である。

ロラン・バルトの指導を受け、文学の構造批評の若手の旗手とみなされていたツヴェタン・トドロフが、一般人類学と呼ばれる分野に足を踏み入れたのは『他者の記号学——アメリカ大陸の征服』(*La conquête de l'Amérique. La question de l'autre*, Seuil, 1982) からである。トドロフのいう一般人類学は、ふつうに実践されている人類学の根底にある「人間とは何かの定義」の探求の意味でもちいられている。そして、トドロフにとっては、彼が本書でくり返し述べているように、新自由主義経済がベースとしている人間観とは逆に、社会は個人に先行し、共存は自己の存在に先行する。つまり、トドロフの「人間とは何かの定義」には「他者の問題」は本質的な要素として組み込まれているのである。

共産主義ブルガリアで育ったトドロフにとって、理想化した言い方をすれば、留学で訪れたフランスもまた他者であった。民主主義に出会ったときの感動は本書の冒頭で明快に語られている。実際に語られているのは、かつてのブルガリアの不自由さであるが、知る（connaître）とは共に‐生まれる（co-naître）ことだとするポール・クローデルの言に従えば、故国の不自由さはフランスで目の当たりにした自由と同時に誕生したとも言えるだろう。このときの政治的で文化的なコントラストの体験は今なお残存していると、自分がフランス共和国市民として帰化したことについて触れながら、トドロフはつぎのように述べている。

私の私的なアイデンティティについては、それは確かに少しはフランス的になったが、無条件にではなかった。私は人生の最初の二四年を忘れることはできない。そのおかげで、私はまた私の内部にフランスに対する外的な眼差しをつねに保持している。あるいは、私はある種の土着のフランス人にとって自然（人間的）に属するものをこの国の文化のせいだと考えている。〔……〕しかしながら、私が確信しているのは、一つの内閣やその役人が、私が考え、信じ、あるいは愛さなければならないものを私に代わって決めることを私が望まないということである。（本書、一八二‐一八三ページ）

「外的な眼差し」は冷ややかな眼差しを意味しない。それは他者が無自覚である他者自身の値打ちを認める力でもあるだろう。訳者はたまたまインターネットでフランス・キュルチュールの番組の見出しを見る機会があった。そこに「民主主義はたんなる観念か」とあった。「観念」とは、実体に対応しないことばだけのものを意味するだろうか。トドロフは民主主義に対するこうした類の軽口は断固、拒否するだろう。民主主義は、あるいはその凋落は、私たちの力では左右できない人間的自然なのではない。それはフランス革命以来、築き上げてきた「この国の文化」であり、個人の内面まで支配しようとする全体主義体制下での生活を思うとき、絶対に守るべき価値なのである。本書はこうした確信のもとに書かれている。トドロフは「反共産主義者のなかでもっとも好戦的なのは、転向した旧共産主義者である」（二二四ページ）と述べているが、言い換えれば、旧共産主義者こそが民主主義のありがたみをよく認識しているということになるだろう。

そう思いつつ世界のほうを振り向いたとき、私たちの目に飛び込んで来るのは、シリアの内戦、ISイスラム国、パレスティナ問題、頻発するテロ、中東の難民問題である。さらにサブプライム・ローンの破綻に端を発しリーマン・ショックにいたる金融危機はいまだ記憶に新しく、資本主義の不安定さは、いわば私たちのトラウマになっている。トドロフが本書で記述しているのは、こうした世界の政治・経済・文化の現在時であり、それらの出来事がもつ意味である。ただし本書における現在時とは二〇一二年の現在時であり、二〇一六年とは目に見える風景は異なっているが、本訳書が出版される二〇一六年は本質的に二〇一二年の延長、あるいは——残念なことに——悪化であり（ISイスラム国は「政治的なメシア信仰」「新自由主義」の過酷さに相応する出来事だと言えなくもないし、アメリカ大統領予備選は「ポピュリズム」の華々しい実例を示してくれた。本書第6章「ポピュリズムと外国人嫌い」を逆の意味で読んでから戦略を練り上げたのではないかとさえ思わせる）、本書の意義そのものは変わらない。そしてこれらもろもろの出来事の発端に、トドロフは民主主義の危機を見るのである。本書の冒頭で、キリスト教の原罪をめぐるペラギウスとアウグスティヌスの過去の論争を引き合いに出すのも、ゆえなしとはしない。この論争を暗号解読格子として使えば、冷戦終結後にその全貌をあらわした新自由主義、ウルトラ自由主義、さらには「政治的なメシア信仰」なるものが根拠としている人間理解の特徴が、いかなるものかが浮き彫りになるからである。

本書の書名である「民主主義の内なる敵」が、危機がどこにあるかを端的に物語っている。フランス革命によって誕生した民主主義は、二〇世紀に入ってからはベルリンの壁が崩壊するまで、全体主義（ナチズムと共産主義）との競合のなかで形づくられてきた。民主主義の敵は外部にあったのである。そしてその間、民主主義はあらゆる美徳を身につけたと言っていいだろう。だが全体主義が瓦解した瞬間から、民主主義の変質が始まった、とトドロフは言う。民主主義の暴走にブレーキの役を果たしていた全体主義国家が崩壊したがゆえに、それまでは「相互に制限し合い、補い合って」（本書、一二ページ）民主主義を形成していたそれぞれの要素が、美徳の仮面をかなぐり捨てて、ばらばらに肥大化しはじめ、民主主義そのものに敵対するようになったと言うのである。「内なる敵」ennemis intimes とはこのことである。intimes とは「内的に一体化した」というような意味である。トドロフはこの肥大化を、トドロフと同じ国立科学研究所（CNRS）内部の芸術・言語研究センターに所属するフランソワ・フラオーの用語を借りて「行き過ぎ」démesure と呼んでいる（François Flahault, *Le crépuscule de Prométhée. Contribution à une histoire de la démesure humaine*, Mille et une nuits, 2008 を参照）。トドロフが行き過ぎを見出す民主主義の構成要素とは、進歩、自由、人民である。

一足飛びに結論部に行けば、トドロフはこの進歩、自由、人民のそれぞれの変容のプロセスおよび影響について、本書で一つないし二つの章を割いて記述し、その惨憺たる現状を述べて、つぎのように結んでいる。

民主主義はその行き過ぎによって病んでいる。そこでは自由は暴政と化し、人民は操作可能な群集へと姿を変える。進歩を促進しようとする欲望は、十字軍の精神に変化する。経済、国家、法は万人の開花のための手段であることをやめ、いまや非人間化のプロセスの性質を帯びている。日によっては、このプロセスは不可逆的であると私には思われる。（二二〇ページ）

ルソーやモンテスキューに端を発しフランス革命を通じて成立した民主主義の逸脱の危機を論じる現代民主主義論であるとともに、そうした危機を背景とした労働の非人間化から移民の子供の文化喪失までを扱う現代文化論であり、移民排斥のポピュリズムから多文化共存をめぐるヨーロッパの政治家の言説の批判までを含んだ、この浩瀚な書物を簡潔に要約することは訳者の能力を超えている。以下、いくつかの点を指摘するだけにとどめたい。

たとえば、第5章「新自由主義の結果」は、二〇一一年の東日本大震災による福島の原発事故への言及から始まっている。トドロフは、ここで何より深刻なのは、「カタストロフが故意に惹起された爆発〔原子爆弾のことを指している〕の結果ではもはやなく、共通の幸福に役立つと見なされている平和的な計画の結果」（一二九ページ）だったことだと述べ、「爆発は自然的カタストロフの結果ではなく

（自然はカタストロフという概念を知らない）、一連の人間的決定の結果である。爆発は結局、民間の大株主と行政官僚との癒着から生じ」たのだと指摘している。私たちは福島の原発事故にもっと絶望し、もっと怒るべきなのかもしれない。

また、同じ第5章の新自由主義による「マネジメントの技術」の項目では、つぎのように読むことができる。

現代においては、人道に対する罪は、犯罪の階梯のなかでも高度なものとして言及することが好まれている。労働界に広まっている非人間化の実践は、たしかにそれよりもずっと地味である。それが死体の山にたどり着くことはない。しかしながら、人道に対する罪よりもはるかに頻繁であり、自由への欲求、他人への直接的関係への欲求、公益に対する配慮への欲求を妨げることによって、それがかかわる者たちの人間性そのものを知らぬ間に麻痺させる傾向にある。（一五一ページ）

そして、このようなことは、

目的――存在の開花、意味と美しさに富んだ生活――の忘却、および手段――繁栄する経済（経済的繁栄は本当にその社会に役立つのだろうか）――の神聖化によって特徴づけられる世界においては、また企業を唯一、証券取引の価値に還元する世界においては、論理的である。（一五三ペ

ージ）

新自由主義においては、労働の管理そのものでさえ人道に対する罪であることを知ったからには、私たちはこのような事態に対して何らかのアクションを起こさなければならないのだろうか。実際、トドロフ自身、「これに対していかなる抵抗も対置しなければ、これらの敵〔民主主義自体によって産み出された内なる敵〕はしまいには、いつの日かこの政治体制からその実質を排除することになるだろう。それらは人間の自己喪失と人間生活の非人間化へとみちびくのである」（二二一ページ）と指摘している。つまり、本書はまた民主主義の現状分析であるとともに、「民主主義」を作り直すためのレジスタンスへの呼びかけでもあることをつけ加えておきたい。

トドロフはまた、「ヨーロッパの政治に関心をもつ男女」について「政治的操作のプロの言ったことをわかりもせずにそのままくり返しているような印象をしばしばもつ」（一九五ページ）と述べ、「自分たちが生きている社会をしかるべく理解しなければ、間違って行動する恐れがある」（二二六ページ）と書いているが、政治操作のプロに操作されるのは「ヨーロッパの政治に関心をもつ男女」ばかりではないだろう。日本の「政治に関心をもつ男女」もそうである。私たちが「間違って行動」しないためには現代日本の民主主義の現状について「しかるべく理解」する必要があるが、本書はまさしく私たちにとって現代日本の政治・文化の現状を認識するための格好のモデルになるのではないだろうか。

私たちにはいろいろな本の読み方がある。この本を読めば、自分はもう少しましになるだろう。そんな淡い期待をもって本を読む人間がいてもいいだろう。そんな期待が満たされることはほとんどないとしても、そんな人間にとって、トドロフはその発言が待たれる作家のひとりである。たとえば、バンジャマン・コンスタンの『アドルフ』に触れて、「私生活が向かうべきある理想を探さなければならないとすれば、それは自由よりもはるかに愛であるだろう」（一二七ページ）と言うとき、またイスラム教徒について、「祈っているイスラム教徒が路面を占領することを不満に思うことはできる（国民戦線がくり返し採り上げるテーマである）。だがこれを改善するには、モスクの建設を容易にしなければならないだろう」（一九〇ページ）という提案に出会うとき、その他たくさんあるが、私たちはそこにこの物資も人間も地球規模で移動するグローバルな新しい世界において、私たちの日常生活をみちびいてくれる、穏健な――場合によっては穏健であるがゆえに意表を突く――指針を見ることができる。それはトドロフの著作における人間が、新自由主義が根拠としている「自己の同類との接触を開始する前に、もっぱら事物や非人間的創造物と関係を保っている孤立した存在」（一〇二ページ）でも、人間どうしの関係を「万人の万人に対する恒常的な戦争」とみなす何らかの理論的な仮構物でもなく、ルソーの場合がそうであったように「社会性を人間の本質とみなし、人間を本源的不完全性とともに生まれるがゆえに、他者を必要とし、他者に尊敬されることを必要とする存在」（『文化人類学文献事典』弘文堂、一五七ページ）、つまり日々の生活における私でありあなたであるからである。その意味で、トドロフのうちにフランスのモラリストのよき伝統を見ることができるといえば、訳者の恣意的な感想だとその道の方々からお叱りを受けるだろうか。

本書に引用されている文献で既訳のあるものは遠慮なく参考にさせてもらった。「原注」に組み込んだ「訳注」がそれである。ただし文脈に合わせて一部、変更させていただいたものもあることをお断りしておきたい。

本書の出版はさまざまな方々のご援助のたまものである。同郷者である共通の知人に、みすず書房の出版部長である八島慎治氏をご紹介いただいたのである。本書の上梓はひとえに八島氏のおかげである。また直接に本書の担当をしてくださった浜田優氏には、原文の理解についても日本語表現においても的確なご指摘をいただいた。また「人名索引」の作成は浜田氏がお引き受けくださった。お二人をはじめ、本訳書の出版に手をお貸しくださった皆様、ならびに本書の出版を引き受けてくださったみすず書房に心よりの謝意を表したい。

二〇一六年六月、北上川のほとりにて

大谷尚文

人名索引

180, 184
サン゠シモン Saint-Simon, Claude Henri　50, 103, 150
サン゠ジュスト Saint-Just, Louis Antoine　43–45, 101
ジブリール Jibril, Mahmoud　83
シュトラウス Strauss, Leo　6
シュピオ Supiot, Alain　124, 135
ジュペ Juppé, Alain　80, 85
シラー Schiller, Friedrich von　52
スースヴォヴァ Souslova, Appolinaria　40
スースロフ Souslov, Mikhaïl　157
スターリン Staline, Joseph　10, 58, 59, 148
スタール Staël, Germaine de　47
スピノザ Spinoza, Baruch　171
ズマ Zuma, Jacob　82
スミス Smith, Adam　100, 104, 106, 114, 123
ゼーホーファー Seehofer, Horst　187
ゼムラー Semler, Johann Salomon　34

タ行

タルフーニ Tarhouni, Ali　83
ダントン Danton, Georges Jacques　46
チャップリン Chaplin, Charlie　144, 148
チャベス Chavez, Hugo　216
ディドロ Diderot, Denis　35
テーラー Taylor, Charles　94
テーラー Taylor, Frederick W.　148
テオドシウス Théodose　18
デカルト Descartes, René　34, 232
デュモン Dumont, Louis　33, 99, 232
トゥッサン゠ルーヴェルチュール Toussaint-Louverture　49
ドストエフスキー Dostoïevski, Fedor M.　40
ドリュモン Drumont, Édouard　8, 154

ナ行

ナポレオン Napoléon Bonaparte　40, 46–49, 55, 89, 98
ニュートン Newton, Isaac　100, 101
バーク Burke, Edmund　120, 122, 155
バーバー Barber, Benjamin　116

ハ行

ハイエク Hayek, Friedrich A.　108–112, 123
ハイダー Haider, Jörg　7
パウロ Paul, saint　28
バクーニン Bakounine, Mikhaïl　50
パスカル Pascal, Blaise　33, 34, 96, 125, 231, 234, 235
バスティア Bastiat, Frédéric　105–107, 109, 117, 121, 228, 234
バブーフ Babeuf, Gracchus　50
ピコ・デラ・ミランドラ Pic de La Mirandole, Jean　34
ヒトラー Hitler, Adolf　164, 197, 216, 222
ピノチェト Pinochet, Augusto　111
フィランジエリ Filangieri, Gaetano　103
フーリエ Fourier, Charles　50
フェリー Ferry, Jules　49
フォルタイン Fortuyn, Pim　171

フセイン Hussein, Saddam　64
ブッシュ Bush, George W.　62, 72, 86, 87, 90
フラオー Flahault, François　17, 109, 117, 226, 234
ブランク Blanc, Louis　50
フリードマン Friedman, Milton　117
ブリソ Brissot, Jacques Pierre　46
フリン Flynn, Michael T.　69
プルードン Proudhon, Pierre Joseph　50
ブレア Blair, Tony　67, 161
ブレイヴィク Breivik, Anders Behring　195-197
ブロシェ Blocher, Christophe　172
ヘーゲル Hegel, Georg Wilhelm Friedrich　52
ペギー Péguy, Charles　63
ベック Beck, Ulrich　132
ベッタンクール Bettencourt, Liliane　115
ペラギウス Pélage　18-36, 38, 40-43, 53, 57, 101, 105, 107, 109, 124, 128, 132, 165, 169, 231
ベルハジ Belhaj, Abdelhakim　83, 88
ベルルスコーニ Berlusconi, Silvio　7, 216
ヘロドトス Hérodote　15, 231
ボッシ Bossi, Umberto　7
ポル・ポト Pol Pot　57
ポルテッリ Portelli, Serge　68

マ行

マードック Murdoch, Ruppert　160, 161
マセナ Masséna, André　47
マニング Manning, Bradley　163
マルクス Marx, Karl　50, 52-54, 104, 106, 110, 112, 113, 179, 196, 233
マンデヴィル Mandeville, Bernard　104, 106
ミーゼス Mises, Ludwig von　108, 112
ミュラ Murat, Joachim　47
ムハンマド Mohammed, prophète　154, 163
ムラディク Mladić, Ratko　95
メルケル Merkel, Angela　183, 186
毛沢東 Mao Tsé-toung　57
モッセ Mosse, George L.　222
モンテーニュ Montaigne, Michel de　34, 126, 232, 235
モンテスキュー Montesquieu, Charles de Secondat, baron de　35, 36, 38, 40-42, 98, 121, 123, 153, 218, 232, 235

ヤ行

ユーネス Younès, Abdelfatah　83
ユリアヌス・エクラネンシス Julien d'Éclane　31

ラ行

ラコルデール Lacordaire, Henri Dominique　121, 122, 125, 139
ラボー・サン＝テティエンヌ Rabaut Saint-Étienne, Jean-Paul　43, 44
ランド Rand, Ayn　108, 234
ル・ペン Le Pen, Jean-Marie　172
ル・ペン Le Pen, Marine　172
ルクレール Leclerc, Charles Victor Emmanuel　49

ルソー Rousseau, Jean-Jacques　35, 37, 38, 40, 41, 102, 125, 176, 232, 234, 235
ルター Luther, Martin　33
ルッテ Rutte, Mark　184
ルフィヌス Rufin d'Aquilée　24, 25
レーガン Reagan, Ronald　111
レーニン Lénine, Vladimir Ilitch　52, 54
レンブラント Rembrandt van Rijn　171
ロック Locke, John　102, 123
ロベスピエール Robespierre, Maximilien de　47
ロンゲ Longuet, Gérard　80

著者略歴

(Tzvetan Todorov)

1939年，ブルガリアのソフィアに生まれる．1963年，渡仏．1973年，フランス国籍取得．現在，国立科学研究所(CNRS) の芸術・言語研究センター研究指導教授．ロラン・バルトの指導のもとに『小説の記号学』(67) を著し記号学的文学批評の先駆をなす．その後，『幻想文学論序説』(70)，『象徴の理論』(77)，『象徴表現と解釈』(78)，『言説の諸ジャンル』(78)，『批評の批評』(85) など文学の記号学的研究を進めるかたわら，『ミハイル・バフチン　対話の原理』(81) を転機として一般人類学的研究に範囲を拡大させる．その最初の成果が『他者の記号学』(82) である．その後，邦訳されているものだけでも，『はかない幸福』(85)，『極限に面して』(91)，『歴史のモラル』(91)，『日常礼賛』(93)，『フランスの悲劇』(94)，『共同生活』(95)，『帰郷に生きる者』(96)，『未完の菜園』(98)，『バンジャマン・コンスタン』(99)，『悪の記憶・善の誘惑』(2000)，『われわれと他者』(01)，『越境者の思想』(02)，『個の礼賛』(02)，『イラク戦争と明日の世界』(03)，『絶対の冒険者たち』(05)，『啓蒙の精神』(07)，『文学が脅かされている』(07)，『芸術か人生か！』(08)，『ゴヤ』(11) など多数の著書がある．その他，共編著として『アステカ帝国滅亡記』(1983)，『ジェルメーヌ・ティヨン』(2009) などがある．『歴史のモラル』でルソー賞を受賞．

訳者略歴

大谷尚文〈おおたに・なおふみ〉1947年，島根県生まれ．宮城県出身．東北大学文学部大学院修士課程修了．弘前大学講師，助教授，教授を経て，石巻専修大学教授．おもな訳書に，T・トドロフ『他者の記号学』(共訳)，P・ショーニュー『歴史とデカダンス』(以上，法政大学出版局)，Ph・ラクー＝ラバルト『政治という虚構』(共訳，藤原書店)，E・ラルセン『風景画家レンブラント』(共訳)，トドロフ『アステカ帝国滅亡記』(共訳)，P・ヴェーヌ他『個人について』，Chr・オリヴィエ『母の刻印』，トドロフ『フランスの悲劇』，トドロフ『共同生活』，S・ティスロン『恥』(共訳)，トドロフ『ミハイル・バフチン　対話の原理』，オリヴィエ『母と娘の精神分析』(共訳)，G・リポヴェツキー『空虚の時代』(共訳)，トドロフ『イラク戦争と明日の世界』，H・ド・サン＝ブランカ『人類の記憶』，トドロフ『悪の記憶・善の誘惑』，トドロフ『絶対の冒険者たち』，Ph・ロジェ『アメリカという敵』(共訳)(以上，法政大学出版局) などがある．

ツヴェタン・トドロフ
民主主義の内なる敵
大谷尚文訳

2016年 7月10日 印刷
2016年 7月20日 発行

発行所 株式会社 みすず書房
〒113-0033 東京都文京区本郷5丁目32-21
電話 03-3814-0131（営業） 03-3815-9181（編集）
http://www.msz.co.jp

本文組版 キャップス
本文印刷所 萩原印刷
扉・表紙・カバー印刷所 リヒトプランニング
製本所 誠製本

Printed in Japan
ISBN 978-4-622-08512-6
［みんしゅしゅぎのうちなるてき］
落丁・乱丁本はお取替えいたします